venez toutes bloguer sur
www. lesparesseuses.com

Les meilleurs desserts des paresseuses

Rosa Jackson

Les meilleurs desserts des paresseuses

•MARABOUT•

Sommaire

Remerciements

Je dédie ce livre à Philippe et Samuel, qui ont suivi un régime soupes-desserts pendant trois mois.

Je remercie aussi mes amis gourmands qui m'ont fourni plusieurs recettes ou qui m'ont aidée à tester les recettes : Erica Berman, Peter Bernheim, Claude Cabri, Paule Caillat, Claire Geraghty, Alain Ollier et Perrine Sherwood.

Pourquoi ce guide va vous aider

Dès mon premier séjour en France, à l'âge de quatre ans, j'ai été captivée par la pâtisserie. Lors de mes promenades avec mes parents, à qui je dois une grande partie de ma gourmandise, je m'arrêtais à chaque vitrine pour admirer le glaçage brillant d'un éclair au café ou la perfection des fruits rouges sur une crème pâtissière. Revenue au Canada, je me suis entraînée à faire des gâteaux, des plus simples aux plus compliqués, à l'aide d'un livre de Ginette Mathiot, *La pâtisserie pour tous*. Les recettes étant peu détaillées, mes expériences finissaient souvent en larmes. Mais ma passion pour le sucre était telle que j'ai fini par maîtriser quelques classiques comme la tarte Tatin, la génoise et même les éclairs au chocolat.

En revenant à Paris il y a quinze ans, j'ai découvert que peu de mes amies françaises avaient l'habitude de faire leurs propres gâteaux. J'ai vite compris la logique : puisqu'il existe des pâtisseries extraordinaires en France, pourquoi s'embêter à fabriquer un gâteau qui risque d'être moins beau ? En plus, il était tout à fait acceptable, et même plus chic, de terminer un repas entre amis autour d'un magnifique gâteau de pâtissier.

Depuis, je crois que les choses ont changé. Les pâtisseries en boutique sont devenues plus chères, parfois inabordables, et nous apprécions de nouveau les gâteaux rustiques, « faits maison ». Il y a quelques années, j'ai été étonnée de voir les desserts de mon enfance – les brownies, les cookies, les crumbles – devenir à la mode en France, et aujourd'hui il existe même des boutiques à Paris dédiées au petit gâteau tout bête nommé *cupcake*. J'ai toujours eu un faible pour les desserts simples, qui sont souvent plus goûteux que des créations compliquées, et il est temps de les servir sans complexe. Même si je prendrai toujours plaisir à goûter le chef-d'œuvre d'un pâtissier, je trouve qu'un bon riz au lait ou un clafoutis fait avec des fruits du jardin, c'est finalement plus sympathique et plus convivial.

L'autre avantage de faire ses desserts soi-même est de pouvoir contrôler ce que l'on met dedans. Je ne suis ni antibeurre ni antisucre, mais j'aime bien savoir ce que je mange et je trouve que certains desserts « à l'ancienne » sont inutilement riches. Pour une paresseuse comme moi, qui aime le sucré mais qui a horreur de faire des régimes, l'idéal est de favoriser les desserts à base de fruits et de limiter le sucre et le gras (ce qui permet d'apprécier les ingrédients frais et de saison). Cela ne m'empêche pas, bien sûr, de mettre une plaquette entière de beurre dans une tarte Tatin ou dans un kouign amann de temps en temps !

Si vous avez peu d'expérience en pâtisserie, ne soyez surtout pas intimidée. Les ingrédients de base sont simples — le beurre, le sucre, la farine, les œufs — et faciles à avoir sous la main. Avec quelques outils que je détaillerai dans le premier chapitre, un peu de confiance en soi et la volonté de suivre des instructions — sans oublier bien sûr son bon sens —, ça sera, comme on dit en anglais, *a piece of cake* (facile !). Au pire, votre gâteau sera un peu de travers, mais je vous montrerai aussi des petites astuces pour masquer les défauts !

LÉGENDE POUR CELLES ET CEUX QUI ONT DES ALLERGIES ALIMENTAIRES

- SG = recette sans gluten.
- SPL = recette sans produits laitiers.
- **SG-SPL = recette sans gluten ni produits laitiers.**

Chapitre 1

Comment s'équiper
pour faire des gâteaux
aussi beaux que les pros

Et si vous vous équipiez comme il faut ?

J'ai toujours adoré la précision avec laquelle travaillent les pâtissiers, qui ont chacun leur collection d'outils indispensables. Un ami pâtissier se fournit même dans les magasins de bricolage, où il trouve de drôles d'outils qu'il arrive à détourner pour faire des effets étonnants. Heureusement, nous, les paresseuses, n'avons pas besoin de tout ça. Laissons les gâteaux « trop magnifiques pour être mangés » aux professionnels, car il y a autant de beauté dans une tarte aux fruits simple mais réussie que dans la dernière invention architecturale d'un grand pâtissier. Si la pâtisserie est un métier qui demande une patience et une rigueur extrêmes, les bons gâteaux maison sont à la portée de toutes, même si nous ne possédons qu'un bol et un fouet pour la préparation.

Dans ce chapitre, je vais vous parler des outils que je considère comme « indispensables », puis du matériel que vous pouvez acheter petit à petit (ou demander au Père Noël) si vous faites suffisamment de gâteaux pour vouloir vous faciliter la vie.

Je vais également aborder les produits de base, car si les desserts demandent moins d'ingrédients que la cuisine, il vaut mieux qu'ils soient de qualité. Il ne peut pas y avoir de bon riz au lait sans un bon lait, ni de bons brownies sans du très bon chocolat…

Les indispensables

LA CORNE, MON OUTIL FÉTICHE

Je suis incroyablement attachée à ce petit outil en plastique avec un bord arrondi. La corne sert de couteau pour incorporer du beurre froid dans de la farine, de cuillère pour mélanger une pâte et de spatule pour ne rien laisser dans le bol (au risque de décevoir les enfants !). Je l'utilise aussi pour nettoyer le plan de travail. Quand je ne la retrouve plus dans le tiroir, je pique une crise !

Les bols

Il en faut au moins deux, car beaucoup de recettes demandent de mélanger les ingrédients liquides et secs séparément. Je les aime bien avec un fond en caoutchouc pour qu'ils ne glissent pas. Le plastique, ce n'est pas cher et très pratique, mais si vous prenez de l'inox, vous pourrez les garder à vie.

Le fouet

Si vous n'avez pas de mixeur, le fouet « ballon », de forme arrondie, vous permettra de monter les blancs en neige et la crème fleurette un peu plus facilement. J'ai bien dit « un peu » ! Un fouet ordinaire suffit pour les pâtes à crêpes, les clafoutis…

La balance

Je suis toujours étonnée du nombre de personnes qui essaient de faire des gâteaux sans balance. Nous ne serons peut-être jamais des pros, mais pour être sûres de réussir, il faut un peu de précision quand même ! J'ai un faible pour la balance électronique, qui permet d'être un peu plus paresseuse car on peut la remettre à zéro pour ajouter un ingrédient dans le même bol. Mais une balance normale, ça marche aussi, c'est moins cher et ça tombe moins souvent en panne.

Le tamis

Je ne l'utilise pas systématiquement quand je fais des gâteaux – souvent, un coup de fouet dans la farine suffit pour enlever les petits grumeaux. Mais pour le cacao et le sucre glace, vous en aurez vraiment besoin. N'achetez pas les appareils en métal en forme de tasse qui rouillent toujours ; un tamis basique du supermarché suffira largement.

La cuillère en bois

Indispensable pour la crème anglaise et le riz au lait, la cuillère en bois sert aussi pour mélanger des pâtes un peu épaisses, style cookies.

Le moule à tarte

Si vous pouvez, prenez un moule en métal avec un fond amovible. Comme ça, vous pourrez présenter votre tarte sur une assiette sans stress.

Le moule à gâteau

Si vous voulez faire des grands gâteaux avec des couches de crème ou de confiture au milieu, il vous faudra deux moules à manqué. Sinon, un moule assez profond peut suffire ; choisissez celui à fond amovible si vous pouvez. J'ai une préférence pour les moules en métal plutôt qu'en silicone, car ils sont plus faciles à manier.

La casserole épaisse

Pour ne pas brûler votre crème anglaise, ni votre riz au lait, ni votre chocolat (que vous pouvez aussi faire fondre dans un bol en verre ou en métal au-dessus de la casserole).

Les ramequins

Vous pourrez les utiliser pour la mise en place des ingrédients (toujours une bonne idée s'il y a des enfants en cuisine) et aussi pour les soufflés, les mousses…

Le papier sulfurisé

Pour éviter de devoir nettoyer la plaque quand vous faites des cookies ou une tarte rustique, pour la précuisson de la pâte à tarte (que vous ferez rarement si vous suivez mes conseils) et pour les soufflés glacés.

Le pinceau

En silicone de préférence, car il est facile à nettoyer. Pour beurrer les moules et pour dorer certains gâteaux à l'œuf ou au lait.

L'économe

Ça marche mieux qu'un couteau pour éplucher les pommes et les poires et pour prélever le zeste des agrumes. Vous pouvez aussi l'utiliser pour évider les pommes.

Le rouleau à pâtisserie

Pas de tarte sans rouleau à pâtisserie, sauf si vous achetez la pâte toute faite ! Le mien est assez long, en bois, sans poignées.

Les petits luxes

Le moule à cannelés

Si vous êtes amatrice de cannelés, il vous faut ce moule, soit en silicone, soit en cuivre (ce qui est plutôt un grand luxe).

LE MOULE CARRÉ OU RECTANGULAIRE, POUR DES BROWNIES AUTHENTIQUES

Des brownies cuits dans un moule rond sont peut-être très bons, mais ce ne sont plus vraiment des brownies… Dans ce livre, vous trouverez aussi d'autres recettes pour des gâteaux carrés et pas très épais, qu'on appelle *bars* en anglais.

Le moule à muffins

Pour les muffins, bien sûr, mais aussi pour les *cupcakes*.

Le moule à madeleines

Je ne pense pas que Proust se serait extasié autant pour une madeleine en forme de muffin. Préférez-les en métal, c'est plus romantique que le silicone.

Le zesteur

Ce petit outil enlève le zeste d'orange ou de citron en fines lanières. L'avantage par rapport à la râpe, c'est qu'il ne touche pas à la partie blanche, plus amère.

Le mortier

Pour broyer les épices entières, plus goûteuses que les épices moulues.

Le mixeur-batteur à main

Si vous ne faites pas très souvent des gâteaux, il suffira pour monter les blancs d'œufs et mélanger les pâtes.

La poche à douille

Vous pouvez faire de très jolis gâteaux et *cupcakes* sans poche à douille, mais cet outil apporte une touche professionnelle, surtout pour les glaçages (car on ne fera pas de macarons dans ce livre). Moi, je la sors assez rarement.

Le thermomètre pour le four

Chaque four est différent et vous verrez vite quelles sont les particularités du vôtre. Si vous voulez être sûre du résultat ou si vous rencontrez des problèmes de cuisson, un thermomètre peut être utile.

Le vide-pomme

Si vous aimez les tartes aux pommes et les pommes au four, vous gagnerez beaucoup de temps avec ce petit gadget, amusant à utiliser.

La cuillère à melon ou cuillère parisienne

Pour les melons, bien sûr, mais aussi pour évider les pommes, les poires et surtout les coings !

La planche en marbre

Le marbre garde bien la fraîcheur, et surtout il est très agréable à toucher.

Le grand luxe

Le robot

Un bon robot demande un investissement, mais vous pouvez toujours en trouver d'occasion. C'est parfait pour la pâte à tarte et très utile pour beaucoup d'autres gâteaux, du crumble au clafoutis.

LE MIXEUR-BATTEUR, DIFFICILE DE S'EN PASSER

Grâce à ma sœur et à mon mariage, j'ai la Rolls-Royce des mixeurs-batteurs dans ma cuisine. Ce bel objet rouge me fait plaisir à chaque fois que je le vois. Pour quelqu'un qui fait beaucoup de gâteaux, cette machine ultra-solide et efficace facilite énormément les choses ; aujourd'hui, elle se transforme même en machine à glace grâce à un bol qui va au congélateur. J'avoue que j'aurais du mal à m'en passer, même si j'ai vécu longtemps sans. Si le prix vous fait peur, attendez les soldes.

La machine à glace

La machine de base ne coûte pas trop cher et fait de très bonnes glaces. Si vous êtes vraiment amatrice de glaces, vous pourrez acheter la turbine avec congélateur intégré, qui commence à devenir un peu plus abordable.

Le placard de la pâtissière paresseuse

La farine

En principe, il faudrait utiliser de la farine type 45 pour la pâtisserie et type 55 ou plus pour le pain. La farine type 45 est une farine plus « pure » avec moins de gluten, l'ingrédient qui crée l'élasticité que l'on recherche dans le pain. En vérité, j'ai utilisé la farine bio type 65 pour pratiquement toutes ces recettes, sauf les pâtes à tartes qui me paraissent plus tendres quand je prends de la farine type 55 (que je ne trouve pas en bio).

Le beurre

Dans les recettes qui sont riches en beurre, la qualité du beurre va tout changer car les meilleurs beurres contiennent moins d'eau. Si vous pouvez, prenez plutôt un beurre AOC, fait avec de la crème fermentée. Pour les sablés et les tartes, j'aime beaucoup le beurre d'Isigny avec son goût légèrement iodé. J'utilise toujours du beurre doux, sauf si la recette précise autre chose.

Le sucre

Il existe plusieurs types de sucres et il est facile de s'y perdre. Quand vous verrez le mot « sucre » dans la liste des ingrédients, c'est que j'ai utilisé du sucre de canne blanc (mais vous pouvez aussi prendre du sucre en poudre ou sucre semoule, fait avec la betterave). Dans certaines recettes, j'utilise du sucre de canne roux pour son goût légèrement caramélisé ou du sucre vergeoise blond ou brun pour un goût plus fort encore. J'aime aussi le sucre roux brut, vendu dans les magasins bio. Vous pouvez adapter les recettes selon ce que vous avez ou ce que vous préférez, je ne dirai rien !

Les œufs

Puisque je préfère les œufs des poules qui courent, je veux voir le chiffre 0 (bio et plein air) ou 1 (plein air) sur la coquille. Le chiffre 2 (poules élevées au sol) me semble acceptable, mais j'évite le 3 (poules élevées en cage) à tout prix. Attention, les crémeries et même les petits producteurs sur les marchés vendent parfois des œufs numéro 3 à prix d'or. Essayez de prendre des œufs extra-frais ou frais pour toutes les recettes de pâtisserie.

Le lait

Je ne comprends pas l'engouement en France pour le lait stérilisé de couleur un peu jaunâtre, même s'il est pratique. Je préfère nettement le lait frais, entier ou demi-écrémé, pour son goût beaucoup plus vif.

Les agrumes

J'utilise souvent des zestes d'agrumes pour parfumer les gâteaux. Pour éviter de manger des produits chimiques, je prends des agrumes bio ou non traités (assez faciles à trouver à Nice, où j'habite). Si vous devez prendre des agrumes traités, frottez-les bien à l'eau chaude avec un peu de savon.

Les autres fruits

Inutile de dire qu'un bon dessert à base de fruits se fait avec des fruits de saison ! Parfois, vous pouvez trouver des fruits un peu trop mûrs chez les petits producteurs, qui seront parfaits pour certaines préparations.

Le chocolat

Pour faire de bons gâteaux au chocolat, il faut du bon chocolat, mais le prix peut être effrayant. Si vous êtes une grande utilisatrice de chocolat, essayez de trouver des blocs de 1 kg ou même 2,5 kg chez les fournisseurs des pâtissiers ou dans certaines épiceries. Valrhona et Barry sont de très bonnes marques.

Quelques termes propres à la pâtisserie

Il n'y a rien de pire que cette sensation de voir une langue étrangère quand on lit une recette. Les pâtissiers professionnels ont leur propre vocabulaire, que je vais éviter le plus possible. Voici quelques mots essentiels.

Appareil

Un mélange d'ingrédients, telles une pâte ou une crème. Vous n'allez pas souvent croiser ce mot ici.

Arroser

Humidifier avec un ingrédient liquide, souvent du sirop ou de l'alcool.

Battre

Mélanger vivement, souvent au fouet, pour rendre mousseux (on dit « battre » des blancs d'œufs).

Beurrer

Enduire un moule de beurre mou ou de beurre fondu.

Bain-marie

Cuisson dans un récipient posé dans un plat plus grand rempli d'eau presque bouillante. Le but est de cuire une préparation délicate (petits pots de crème, par exemple) de manière indirecte.

Cuire à blanc

Faire cuire de la pâte à tarte sans sa garniture, souvent tapissée d'une feuille de papier sulfurisé remplie de petits poids (des haricots secs par exemple) pour éviter qu'elle gonfle.

Blanchir (les œufs)

Battre des œufs entiers, ou des jaunes d'œufs, avec du sucre jusqu'à ce que le mélange devienne pâle et mousseux.

Foncer

Tapisser un moule d'une pâte à tarte.

Frémissement

Cuisson douce d'un liquide dans une casserole, avec des petites bulles qui montent à la surface. Le liquide ne doit pas bouillir.

Monter en neige

Battre des blancs d'œufs, souvent avec un peu de sucre, pour qu'ils deviennent blancs (comme de la neige) et mousseux.

Sabler

Incorporer du beurre (ou une autre graisse) dans la farine avec le bout des doigts ou à la machine pour obtenir une consistance ressemblant à de la chapelure.

Tamiser

Faire passer des ingrédients secs à travers un tamis pour les aérer et enlever les grumeaux.

20 PETITS TRUCS QUI VOUS RENDRONT LA VIE PLUS FACILE

1. Suivez la recette, au moins la première fois

Il faut être beaucoup plus précise en pâtisserie qu'en cuisine. Une fois que vous l'aurez essayée, vous pourrez modifier la recette comme vous le souhaitez.

2. Lisez toute la recette à l'avance

Cela évite de rater une phrase clé comme « laisser reposer la pâte 48 heures ».

3. Sortez tous vos ingrédients avant de commencer

Il n'y a rien de pire que de devoir abandonner votre gâteau à moitié réalisé pour aller acheter des œufs ! (Oui, ça m'est arrivé !)

4. Pensez au beurre

Certaines recettes demandent du beurre mou, d'autres du beurre froid. Essayez d'y penser à l'avance pour éviter les petits problèmes.

5. Gérez les enfants

Si vous cuisinez avec de jeunes enfants, mesurez les ingrédients à l'avance pour minimiser le stress, et choisissez une recette rapide à préparer (je sais de quoi je parle !).

6. Travaillez proprement

Gardez toujours un plat à côté de vous pour récupérer tout ce que vous jetterez. Si vous faites du compost dans votre jardin, vous pourrez le nourrir avec ça !

7. Soyez efficace

Pour beurrer les moules, je mets un peu de beurre dans un ramequin au four qui préchauffe, pour l'étaler ensuite avec un pinceau. Vous pouvez également utiliser le micro-ondes.

8. Ne soyez pas trop paresseuse !

Si la recette indique qu'il faut beurrer et fariner un moule ou le tapisser de papier, ne cédez pas à la tentation de sauter cette étape (moi aussi je suis paresseuse, je vous comprends !).

9. Aimez votre minuteur

Le minuteur n'est pas un être intelligent, mais il permet d'éviter des oublis catastrophiques.

10. Utilisez tous vos sens

Faites plus confiance à votre nez et vos yeux qu'à votre minuteur, car certains fours ont tendance à cuire plus vite que ce que la recette indique.

11. Mettez de la musique

Faire de la cuisine ou de la pâtisserie, ça doit être un plaisir. Considérez que c'est un moment que vous vous réservez, comme un bain chaud ou une manucure.

12. Évitez d'être trop pressée

Si vous êtes stressée par un manque de temps, rangez ce livre et sortez-le un autre jour.

13. Achetez malin

Essayez de toujours avoir des œufs, de la farine, du sucre et du beurre sous la main. Ça vous évitera des courses de dernière minute !

14. Faites le marché

La plupart de mes recettes préférées de desserts sont à base de fruits frais. Laissez les fruits de saison vous inspirer et évitez ceux qui ne sont pas au meilleur de leur forme.

15. Faites connaissance avec votre four

La plupart des fours, même ceux qui valent cher, sont capricieux. Apprenez à connaître votre four – ses humeurs, ses endroits chauds ou froids, sa tendance à brûler ou ne pas assez cuire vos gâteaux… – et adaptez-vous, car votre four ne changera pas.

16. Embauchez un(e) assistant(e)

Si vous avez un travail un peu pénible à faire, comme le dénoyautage des cerises, ne le faites pas toute seule. Vous risquez de vous retrouver avec un goût amer dans la bouche !

17. Mettez un tablier

Il est impossible de faire la pâtisserie sans mettre de la farine partout. Et en plus, le tablier, ça fait sérieux !

18. Lavez bien les bols

Un peu de beurre ou de jaune d'œuf dans un bol peut empêcher les blancs de monter. Lavez toujours vos bols et vos ustensiles à l'eau chaude avec du savon, c'est plus propre et plus sûr !

19. Recommencez

Les ratages, ça arrive à tout le monde (ou presque). L'important, c'est d'avoir le courage de recommencer ! La prochaine fois, ça sera sûrement mieux car vous aurez appris quelque chose. Essayez de rester détachée quand les choses vont mal et de voir le problème sous un œil scientifique.

20. Positivez

Même si vos madeleines vous paraissent raplapla (par exemple), elles peuvent être bonnes à manger, alors ne soyez pas trop dure avec vous-même.

Chapitre 2

Comment faire votre propre pâte
(ou pas !) et réussir toutes vos tartes

Et si vous deveniez la reine de la tarte ?

Qu'elle soit aux fraises, au citron ou au chocolat, la tarte est l'un des chefs-d'œuvre de la pâtisserie française. Heureusement, c'est aussi un dessert qui est accessible à tous. Peut-être que nos tartes seront rarement aussi jolies que celles des pâtissiers avec leurs bords parfaits et leur nappage luisant, mais c'est vraiment le goût qui compte. Pour produire une bonne tarte, il faut surtout de bons ingrédients, en commençant par la pâte.

Pourquoi faire sa propre pâte à tarte quand il en existe de très bonnes dans le commerce ? Pour une paresseuse, c'est une question légitime. Pourtant, la fameuse pâte sucrée n'est pas aussi compliquée qu'elle en a l'air. En vraie paresseuse, j'ai découvert qu'il est possible de sauter certaines étapes dans sa fabrication tout en obtenant un excellent résultat. J'espère que ma recette de base vous convaincra qu'il est aussi facile de faire votre pâte vous-même que de l'acheter ! Pour les plus ambitieuses, j'ai même une recette de pâte feuilletée simplifiée...

Si vous préférez toutefois acheter votre pâte à tarte toute faite, vérifiez qu'elle soit préparée avec du beurre plutôt que des graisses végétales. Les pâtes surgelées sont souvent les meilleures car vous en trouverez sans conservateurs. Enfin, je vous conseille de toujours garder de la pâte feuilletée au congélateur, comme ça vous pourrez improviser avec des fruits de saison.

Pour la garniture, je m'inspire justement toujours des saisons : pas de tarte au chocolat en été, ni de tarte aux fraises en hiver. J'utilise rarement de la crème pâtissière, sauf dans une tarte aux fraises très classique qui me rappelle mes premiers séjours à Paris. La plupart de mes tartes sont assez légères, avec beaucoup de fruits et un minimum de crème et de sucre. Ma tarte fétiche est sans doute la tarte au citron, à laquelle je rajoute un peu d'huile d'olive très douce pour l'alléger. Mais je fais aussi une tarte Tatin ultra-riche, en choisissant des pommes acides pour équilibrer le goût…

La pâte sucrée des paresseuses

Voici ma recette de base, celle que j'utilise pour la plupart de mes tartes. Elle est plus facile à réaliser si vous avez un robot ou un mixeur, mais vous pouvez très bien la faire à la main.

Pour 1 tarte
175 g de farine – 45 g de sucre glace – 1 pincée de sel – 90 g de beurre froid – 1 jaune d'œuf – 2 c. à s. d'eau glacée – de la farine pour étaler la pâte
Si vous avez un robot, utilisez la lame métallique. Au mixeur, privilégiez le batteur plat.
Mélangez la farine, le sucre glace et le sel dans un bol. Ajoutez le beurre coupé en petits morceaux et mixez pour obtenir une texture sableuse.
Toujours en mélangeant, ajoutez le jaune d'œuf et l'eau. Arrêtez la machine quand la pâte commence à former une boule. S'il ne fait pas trop chaud dans votre cuisine, vous pourrez l'étaler tout de suite, en saupoudrant bien la planche de farine pour qu'elle ne colle pas. Foncez-la dans le moule et coupez les bords en un coup à l'aide du rouleau à pâtisserie, en le faisant rouler sur les bords. Laissez reposer la pâte au moins 1 heure au réfrigérateur avant de continuer la recette.
Souvent, je ne fais pas de précuisson « à blanc » de la pâte, c'est-à-dire sans la garniture. C'est tricher, mais vous verrez que ça marche très bien – la pâte sera plus tendre et aura moins tendance à se rétrécir. En plus, vous gagnez du temps !

La pâte feuilletée des paresseuses

La vraie pâte feuilletée demande une longue préparation et une certaine maîtrise qui vient avec l'expérience. Cette version, plus facile, est un peu longue mais assez inratable. Je la prépare surtout pour la tarte Tatin, car pendant que les pommes cuisent, j'ai le temps de faire la pâte.

Pour 1 tarte
200 g de farine – 1 pincée de sel – 180 g de beurre froid – 5 à 6 c. à s. d'eau glacée

Le plus facile, c'est dans un robot, mais vous pouvez aussi la faire à la main.

Dans le robot : mixez la farine, le sel et le beurre coupé en petits morceaux pour obtenir des petits grumeaux. Toujours en mixant, ajoutez lentement l'eau en un filet. Quand la pâte commence à former une boule, arrêtez la machine même s'il reste un peu d'eau.

À la main : travaillez la farine, le sel et le beurre avec vos mains ou avec une corne pour obtenir des petits grumeaux. Ajoutez 4 c. à s. d'eau et continuez à travailler la pâte pour qu'elle forme une boule, en ajoutant l'eau restante si nécessaire.

Travaillez la boule quelques secondes avec vos mains pour qu'elle soit homogène, en ajoutant un peu de farine si nécessaire. Laissez-la reposer sur une planche à température ambiante, recouverte d'un torchon, pendant 30 mn.

Avec un rouleau, étalez la pâte pour former un rectangle assez étroit. Pliez ce rectangle en 3 comme si vous pliiez une feuille de papier pour envoyer une lettre. Étalez de nouveau la pâte en rectangle et pliez-la en 3 encore une fois. Farinez, recouvrez avec un torchon et laissez reposer la pâte 30 mn.

Répétez cette procédure 2 fois, avec 30 mn de repos à chaque fois. C'est un peu long, mais vous verrez que la pâte est très agréable et facile à travailler. Quand vous avez fini, laissez reposer pâte au moins 20 mn avant de l'étaler pour votre tarte.

ASTUCE
. . . .
Cette pâte, qui s'appelle « demi-feuilletée », peut remplacer la pâte feuilletée dans toutes vos préparations sucrées et salées. Si vous avez des restes de pâte, vous pouvez en faire des petits biscuits, saupoudrés de sucre à la cannelle ou de fromage râpé.
. . . .

La pâte à l'huile d'olive

La présence de l'huile dans cette recette est très subtile car j'utilise une huile douce. L'huile de Nice est parfaite avec son petit goût d'amande ; il faut éviter les huiles amères ou poivrées. L'huile transforme la texture de la pâte à tarte en la rendant très légère. En plus, cette pâte ne rétrécit pas au four ! Elle peut remplacer la pâte sucrée dans d'autres recettes, mais il faut toujours la précuire.

Pour 1 tarte
60 g de beurre mou – 30 g de sucre glace – 15 g d'amandes en poudre – 1 pincée de sel – 120 g de farine – 1 jaune d'œuf – 5 cl d'huile d'olive douce
Préchauffez le four à 190 °C.

Dans un bol, travaillez le beurre mou, le sucre, les amandes, le sel et 2 c. à s. de farine avec une corne ou une cuillère en bois. Vous devez obtenir une crème homogène.

Ajoutez la farine restante, le jaune d'œuf et l'huile d'olive. Continuez à travailler ce mélange pour obtenir une boule de pâte. Vous pouvez ajouter un tout petit peu de farine (pas plus de 1 c. à s.) si elle refuse de former une boule.

Mettez cette boule dans un plat à tarte à fond amovible et étalez-la avec vos mains, en tapotant avec vos doigts pour l'égaliser. Faites attention à ce qu'elle ne soit pas trop épaisse dans les recoins, car elle va gonfler un peu pendant la cuisson. Poussez-la vers le haut, par-dessus le bord du moule, et coupez l'excédent avec un rouleau à pâtisserie. Égalisez les bords avec vos doigts.

Faites cuire cette pâte à blanc (sans papier ni poids) 10 à 12 mn, pour qu'elle soit légèrement dorée partout. S'il fait très chaud dans la cuisine, vous pouvez la refroidir au réfrigérateur 10 mn avant de la mettre au four.

Tarte aux amandes

J'ai fait cette tarte à partir d'une recette trouvée sur le blog « The Dinner Files » de Molly Watson. En bonne paresseuse, je n'ai pas voulu précuire la pâte et surprise, elle était parfaite !

Pour 8 personnes
1 pâte sucrée des paresseuses – 140 g d'amandes effilées – 20 cl de crème fleurette – 150 g de sucre – 1 c. à s. de whisky (facultatif) – quelques gouttes d'extrait d'amandes ou de vanille liquide
Préchauffez le four à 200 °C avec une plaque au milieu.
Foncez la pâte à tarte dans un moule à fond amovible (de préférence) et coupez l'excédent à l'aide d'un rouleau à pâtisserie. Laissez-la reposer au réfrigérateur pendant au moins 1 h pour une pâte maison.
Dans un saladier, mélangez les amandes, la crème, le sucre, le whisky (si vous l'utilisez) et l'extrait d'amandes ou la vanille à l'aide d'une grande cuillère. Laissez reposer ce mélange environ 15 mn, en le remuant 2 ou 3 fois. Le sucre va se dissoudre et la crème va épaissir un peu.
Versez le mélange amandes-crème sur la pâte froide. Mettez la tarte sur la plaque chaude et faites cuire 40 mn pour que la pâte soit dorée. Ne soyez pas étonnée de voir la crème bouillir et même déborder un peu du moule. Si la tarte a l'air de colorer trop vite, vous pouvez baisser un peu la température du four. Laissez refroidir au moins 1 h avant de servir.

SUGGESTION DE DÉGUSTATION
• •
Molly propose de servir cette tarte avec une glace à la vanille ou au gingembre, des fruits rouges, une compote de poires épicée…
• •

Tarte au chocolat

Très facile à faire, cette tarte vous fera penser aux tartes des grands pâtissiers – à condition que vous preniez du très bon chocolat ! Elle a toujours beaucoup de succès.

Pour 8 personnes
1 pâte à l'huile d'olive, précuite, ou une pâte toute faite, cuite à blanc – 150 g de beurre – 200 g de très bon chocolat à environ 65 % de cacao – 3 jaunes d'œufs – 2 œufs entiers – 40 g de sucre
Préchauffez le four à 200 °C.
Faites fondre le beurre et le chocolat dans une casserole épaisse ou un bain-marie et laissez tiédir un peu.
Dans un mixeur ou à la main, battez les jaunes d'œufs avec les œufs entiers et le sucre jusqu'à ce qu'ils deviennent mousseux. Incorporez le mélange chocolat-beurre. Versez cette crème sur la pâte précuite et mettez au four environ 5 mn pour que la crème prenne.
Laissez refroidir la tarte au réfrigérateur avant de servir.

Tarte au citron et à l'huile d'olive

De l'huile d'olive dans la pâte et dans la crème au citron ? Oui, à condition de choisir une huile d'olive douce et délicate ; l'huile AOC Nice est parfaite avec sa note d'amande.

Pour 6 personnes
1 pâte à l'huile d'olive – 3 citrons – 160 g de sucre – 2 c. à c. de Maïzena – 2 jaunes d'œufs – 2 œufs entiers – 60 g de beurre – 2 c. à s. d'huile d'olive
Préchauffez le four à 200 °C.
Foncez la pâte à tarte dans un moule à fond amovible (de préférence) et coupez l'excédent à l'aide d'un rouleau à pâtisserie. Faites cuire la pâte pendant 8 à 10 mn pour qu'elle soit dorée partout. Laissez-la refroidir sur une grille (vous n'aurez plus besoin du four).

Prélevez le zeste d'I citron et pressez le jus des 3 citrons. Dans un saladier, mélangez au fouet le jus, le zeste, le sucre, la Maïzena, les jaunes
d'œufs et les œufs entiers. Versez ce mélange dans une casserole épaisse
ou un bain-marie.
Faites cuire la crème, en fouettant sans cesse, jusqu'à ce qu'elle épaississe
mais sans la laisser bouillir (elle va épaissir juste avant de bouillir, alors
soyez prête !). Ajoutez le beurre en petits morceaux et l'huile d'olive, en
fouettant. Versez cette crème sur la pâte et mettez la tarte au réfrigérateur au moins I h avant de la servir.

Tarte au citron et sa montagne de meringue

Cette tarte assez extravagante me rappelle celle que l'on trouve dans
le salon de thé *Le Loir dans la Théière* à Paris, avec son ambiance
d'*Alice au pays des merveilles*. Ce n'est pas la recette la plus paresseuse
du livre, mais j'ai essayé de la simplifier le plus possible. Exceptionnel-
lement, je fais cuire la pâte à blanc dans cette recette car la crème est
très liquide.

Pour 8 personnes
*I pâte sucrée des paresseuses – le jus de 4 citrons – le zeste d'I citron –
100 g de sucre – 3 c. à s. de crème liquide – 4 œufs entiers – 6 blancs
d'œufs, à température ambiante – I pincée de sel – 225 g de sucre*
Foncez la pâte à tarte dans un moule à fond amovible (de préférence) et
coupez l'excédent à l'aide d'un rouleau à pâtisserie. Piquez le fond plusieurs fois avec une fourchette. Laissez-la reposer au réfrigérateur pendant
au moins I h pour une pâte maison.
Préchauffez le four à 190 °C avec une plaque au milieu. Tapissez le fond
de tarte avec une feuille de papier sulfurisé coupée en cercle pour
dépasser les bords de la pâte. Versez-y du riz cru ou des haricots secs
jusqu'au niveau de la pâte. Enfournez sur la plaque pendant 20 mn, jusqu'à
ce que les bords prennent une couleur dorée.

Sortez la plaque du four et enlevez soigneusement le papier avec le riz ou les haricots (vous pouvez les garder pour une prochaine utilisation). Remettez la pâte dans le four environ 10 mn, pour qu'elle soit très légèrement dorée.

Dans un saladier, fouettez le jus avec le zeste de citron, le sucre et la crème. Ajoutez les œufs entiers un par un, en fouettant. Filtrez cette crème dans une passoire et versez-la sur la pâte précuite. Remettez la tarte au four environ 15 mn, pour que la crème soit prise.

À l'aide d'un mixeur ou d'un fouet électrique, montez les blancs en neige avec la pincée de sel. Ajoutez le sucre petit à petit et continuez à battre la meringue pendant 5 mn. Étalez-la sur la tarte à l'aide d'une cuillère.

Remettez la tarte au four (chaleur tournante si possible) pendant 5 à 10 mn, pour que la meringue soit très légèrement dorée. Laissez refroidir avant de servir. Attention, le service est un peu délicat !

Tarte aux figues et au miel de châtaigne

J'adore le miel de châtaigne avec les figues car sa note amère apporte une autre dimension, mais vous pouvez utiliser n'importe quel miel à condition qu'il ait du caractère.

Pour 6 personnes
1 pâte sucrée des paresseuses ou toute faite − une douzaine de petites figues violettes − 50 g de beurre − 1 œuf − 2 c. à c. de Maïzena − 8 cl de lait entier ou de crème liquide − 50 g d'amandes en poudre − 25 g de sucre − 1 c. à c. de vanille liquide − 3 c. à s. de miel de châtaigne

Foncez la pâte à tarte dans un moule à fond amovible (de préférence) et coupez l'excédent à l'aide d'un rouleau à pâtisserie. Laissez-la reposer au réfrigérateur pendant au moins 1 h pour une pâte maison.

Préchauffez le four à 200 °C avec une plaque au milieu.

Coupez les figues en 2 dans le sens de la longueur, en espérant qu'elles soient bien rouges et juteuses à l'intérieur.

Faites fondre le beurre dans une petite casserole. Dans un bol, mélangez au fouet l'œuf et la Maïzena. Incorporez le lait, les amandes, le sucre, la vanille, 2 c. à s. de miel et le beurre fondu. Quand le mélange est bien lisse, versez-le sur la pâte. Disposez les figues par-dessus, face coupée vers le haut. Versez la dernière cuillère de miel par-dessus les fruits.

Posez la tarte sur la plaque chaude et faites-la cuire 10 mn à 200 °C, puis encore 35 mn à 180 °C. La pâte doit être bien dorée et les figues doivent donner du jus. Servez la tarte tiède ou à température ambiante.

Tarte aux fraises « nature »

Très peu pour moi les tartes aux fraises dont le goût de la crème pâtissière noie celle du fruit ! La qualité de la fraise est primordiale ; évitez à tout prix les fraises importées ou industrielles !

Pour 6 à 8 personnes
1 pâte à l'huile d'olive ou 1 pâte à tarte toute faite et précuite – 750 g de fraises mûres et sucrées – 200 g de confiture de fraises de bonne qualité ou de gelée de fraise

Préchauffez le four à 200 °C.

Si vous utilisez la pâte à l'huile d'olive, foncez la pâte à tarte dans un moule à fond amovible (de préférence) et coupez l'excédent à l'aide d'un rouleau à pâtisserie. Faites cuire la pâte pendant 8 à 10 mn, pour qu'elle soit dorée partout. Laissez-la refroidir sur une grille (vous n'aurez plus besoin du four).

Équeutez les fraises et disposez-les joliment sur la pâte, la pointe vers le haut, pour la remplir complètement.

Faites fondre la confiture ou la gelée dans une petite casserole. Si vous utilisez de la confiture, passez-la dans un tamis pour enlever les morceaux. Versez la confiture ou la gelée fondue sur les fraises et servez la tarte dans les 2 h.

Tarte aux mirabelles

Dès que la courte saison des mirabelles arrive, vers fin août, je savoure ces petites prunes dorées le plus souvent possible. Délicieuses nature, elles se marient très bien aussi avec une crème riche en œufs, style clafoutis.

Pour 6 à 8 personnes
1 pâte sucrée des paresseuses – 500 g de mirabelles – 25 g de Maïzena – 25 g de farine – 50 g de sucre – 2 jaunes d'œufs – 2 œufs entiers – 1/2 gousse de vanille – 25 cl de lait – 25 g de beurre fondu – 2 c. à s. d'eau-de-vie de mirabelle ou de marc

Foncez la pâte à tarte dans un moule à fond amovible (de préférence) et coupez l'excédent à l'aide d'un rouleau à pâtisserie. Laissez-la reposer au réfrigérateur pendant au moins 1 h pour une pâte maison.

Préchauffez le four à 200 °C avec une plaque au milieu.

Coupez les mirabelles en 2 et enlevez le noyau.

Dans un saladier, mélangez la Maïzena, la farine, le sucre, les jaunes d'œufs et les œufs entiers. À l'aide d'un petit couteau, grattez les graines de la 1/2 gousse de vanille et ajoutez-les à ce mélange. Incorporez le lait petit à petit, puis le beurre fondu et l'eau-de-vie.

Déposez les oreillons de mirabelles sur la pâte et versez cet appareil par-dessus.

Enfournez 10 mn à 200 °C, puis baissez la température à 180 °C et faites cuire la tarte encore 30 mn, pour que la pâte soit dorée et que la crème prenne.

Tarte aux pommes façon Poilâne

J'ai une véritable passion pour la tarte aux pommes rustique vendue à la boulangerie Poilâne à Paris. Puisque les ingrédients sont simples, elle est facile à reproduire à la maison, mais il vous faudra une pâte feuilletée pur beurre et des pommes goûteuses.

Pour 6 personnes
1 pâte feuilletée surgelée pur beurre, décongelée – 3 pommes, par exemple des goldens de bonne qualité – 10 g de beurre – 2 c. à s. de cassonade
Préchauffez le four à 200 °C.
Étalez la pâte pour faire un grand rectangle. Épluchez les pommes et coupez-les en gros quartiers (environ 8 par pomme). À environ 4 cm du bord de la pâte, faites une rangée de quartiers de pomme en les posant horizontalement. Repliez la pâte par-dessus les pommes.
Coupez les quartiers restants en 2 dans le sens de la largeur et répartissez ces morceaux de pommes sur la pâte. Faites fondre le beurre dans une petite casserole et nappez les pommes de beurre à l'aide d'un pinceau.
Faites cuire la tarte environ 30 mn, pour que les pommes soient fondues et la pâte dorée. À la sortie du four, saupoudrez la tarte de cassonade.

Tarte Tatin

J'ai appris à faire la tarte Tatin en travaillant dans un salon de thé français au Canada. Je maîtrisais tellement bien la recette qu'on m'a même demandé de la faire à la radio ! Depuis presque vingt ans, j'utilise la même poêle en fonte pour faire ma tarte, qui s'est toujours démoulée sans problème. J'aime les pommes acides comme la reinette pour équilibrer le côté très riche et sucré de ce dessert, mais la chantecler tient particulièrement bien. À vous de voir, selon la saison et vos goûts.

Pour 8 personnes
1 pâte feuilletée des paresseuses ou toute faite (pur beurre) — 1/2 citron —
8 petites pommes reinettes, chanteclers ou goldens — 200 g de sucre de
canne blanc — 100 g de beurre doux

Épluchez les pommes et frottez-les avec le 1/2 citron pour les empêcher de noircir. Videz-les et coupez-les en 2 dans le sens de la longueur. Arrosez-les d'un peu de jus de citron, en le répartissant avec les mains.

Versez le sucre dans une poêle épaisse ou un moule à Tatin. Ajoutez le beurre en morceaux, en le répartissant dans le moule. Remplissez le moule de moitiés de pommes posées sur le côté. Elle doivent être bien serrées car elles vont perdre un peu de volume en cuisant.

Mettez le moule sur feu moyen et faites cuire environ 45 mn, en arrosant les pommes de caramel à l'aide d'un petit pinceau de temps en temps. Au bout de 30 mn, préchauffez le four à 200 °C. Quand le caramel commence à épaissir, enlevez le moule du feu.

Coupez un cercle de pâte un peu plus grand que le moule (j'utilise un couvercle pour le mesurer) et posez-le sur les pommes. Enfournez pendant environ 30 mn, pour que la pâte soit gonflée et dorée.

Environ 15 à 20 mn après sa sortie du four, démoulez la tarte en protégeant bien vos mains avec des gants épais : posez une assiette à l'envers sur le moule, puis — en tenant fermement l'assiette et le moule — retournez la tarte d'un coup, sans hésiter.

Servez la tarte tiède, réchauffée au four si nécessaire, mais jamais au micro-ondes !

20 FAÇONS DE RENDRE VOS TARTES PLUS « PROS »

1. Pensez amovible

Un moule à fond amovible vous permettra de sortir la tarte du moule sans risquer de la casser. Pour cela, je pose simplement le moule sur un bol une fois la tarte refroidie et le cercle tombe tout seul ! Pas besoin de faire des manipulations à chaud avec des gants.

2. Ne soyez pas pressée

Plus votre pâte à tarte aura du temps de repos au réfrigérateur, moins elle rétrécira à la cuisson. C'est particulièrement vrai pour les pâtes sucrées maison. Exception faite de ma pâte à l'huile d'olive, qui se rétrécit très peu grâce à la présence d'huile.

3. Choisissez votre beurre

La qualité du beurre se sentira dans la pâte. J'ai une préférence pour le beurre d'Isigny avec son petit goût d'iode, mais le beurre de Poitou-Charentes et le beurre breton sont très bons également. Les meilleurs beurres (dont les beurres AOC) sont légèrement fermentés comme la crème fraîche.

4. Optez pour les raccourcis

Oui, mais pas n'importe lesquels ! N'ayant pas l'habitude d'acheter des pâtes toutes faites, j'ai été horrifiée, en écrivant ce livre, de voir ce qu'elles contiennent comme graisses hydrogénées et conservateurs. Préférez les pâtes surgelées aux ingrédients simples et reconnaissables.

5. Ayez une touche légère

Ne confondez pas la pâte à tarte et la pâte à pain : la pâte à tarte n'aime pas être trop malaxée. Si vous la faites à la main, écrasez la pâte par petites quantités sur une planche pour la rendre homogène : cette procédure s'appelle « fraiser ».

6. Maîtrisez le rouleau

Si vous êtes tentée de vous défouler avec le rouleau à pâtisserie, allez-y doucement, l'essentiel est d'appuyer de façon régulière. Ne roulez pas jusqu'au bout de la pâte (ce qui rendrait les bords plus fins) et retournez-la régulièrement pour qu'elle soit de la même épaisseur partout.

7. Farinez !

N'ayez pas peur d'utiliser autant de farine qu'il faut pour étaler une pâte : il n'y a rien de pire qu'une pâte qui colle à la planche, ce qui vous oblige à recommencer et à trop travailler la pâte.

8. ... ou filmez !

C'est moins écologique, mais une astuce de pâtissier est d'étaler la pâte entre deux couches de film alimentaire. Pratique si votre pâte est fragile.

9. Travaillez au frais

Les pâtes sucrées sont beaucoup plus faciles à travailler l'hiver, quand la cuisine est fraîche. En été, mettez-les au réfrigérateur avant de les étaler et travaillez le plus rapidement possible pour éviter que le beurre se mette à fondre.

10. Préférez le jaune au blanc

J'ai constaté que le blanc d'œuf fait un peu durcir la pâte. C'est pour ça que ma recette de pâte sucrée demande un jaune d'œuf et un peu d'eau plutôt qu'un œuf entier.

11. Oubliez les billes

Dans les magasins d'ustensiles de cuisine, vous trouverez des billes en céramique très chères qui servent de poids pendant la cuisson à blanc d'une pâte. Pas la peine de les acheter quand vous pouvez utiliser et réutiliser du riz rond, des haricots ou des lentilles !

12. Donnez un coup de pouce

Une fois que vous avez coupé la pâte à l'aide du rouleau à pâtisserie, utilisez votre pouce pour remonter les bords un peu au-dessus du moule. Si la pâte se rétrécit un peu à la cuisson, ça compensera.

13. Ne la piquez pas

Si vous faites cuire la pâte directement avec sa garniture, pas la peine de la piquer avec une fourchette au préalable. Si votre garniture est très liquide, ça risque de la faire couler sous la pâte – quelque chose à éviter absolument !

14. Posez-la sur une plaque

Je fais toujours cuire les tartes sur une plaque que je préchauffe en même temps que le four. Les avantages sont nombreux : le fond cuit de façon plus uniforme, les jus qui débordent ne tombent pas dans le fond du four et la plaque vous permet de sortir la tarte du four sans souci (attrapez la plaque, pas le moule).

15. Profitez des fruits de saison

Non seulement ils seront moins chers, mais en plus ils seront meilleurs au goût et plus adaptés au temps – je vous l'ai dit, ce n'est pas pour moi la tarte aux fraises en hiver !

16. Préférez les pommes bio

Je ne sais pas si mon palais devient plus sensible avec le temps ou si les agriculteurs traitent de plus en plus, mais je suis choquée par le goût chimique de certaines pommes. Essayez de trouver des pommes bio ou de petits producteurs qui limitent les traitements, vous sentirez la différence !

17. Ne sucrez pas trop

Les bons pâtissiers font ressortir le goût des fruits en limitant le sucre. C'est particulièrement vrai pour la tarte au citron, qui doit être bien acide.

18. Aimez les tartes rustiques

Il faut des années d'apprentissage pour produire les tartes sophistiquées que l'on voit dans les pâtisseries. Personnellement, j'ai un faible pour les tartes plus rustiques qui mettent en valeur les très bons fruits.

19. Ne paniquez pas

Votre tarte vous paraît un peu trop rustique ? Ne la jetez pas ! Saupoudrez-la plutôt de sucre glace à l'aide d'un tamis, vous serez étonnée du nombre de défauts qu'il peut masquer !

20. Choisissez la bonne farine

Longtemps je ne l'ai pas cru, mais mes expériences le prouvent : la farine type 55 donne une pâte plus tendre que la farine type 65.

Chapitre 3

Comment transformer un simple fruit
en dessert digne d'un restaurant

Et si vous composiez avec les saisons ?

J'ai un faible pour les tartes et je fonds pour le chocolat, mais rien ne m'inspire comme les fruits. C'est leur caractère éphémère qui les rend attrayants : les cerises si rouges et juteuses qui ne durent que quelques semaines ; les fraises, plus vives, qui deviennent des petites bombes sucrées en plein été.

Si votre fruit est parfait, je suis tentée de dire qu'il serait difficile de l'améliorer avec du sucre ou du beurre. Peut-il exister quelque chose de meilleur qu'une pêche blanche mûre avec son parfum délicat de fleurs ? Parfois, il faut savoir apprécier les fruits nature, mais quand ils sont abondants ou pas tout à fait mûrs (ce qui est souvent le cas dans le nord de la France), on peut justifier de les transformer en dessert.

Au printemps, j'attends avec impatience les premières fraises françaises, qui demandent juste un peu de sucre et de jus de citron ou de vinaigre balsamique pour réveiller leurs saveurs. Pendant la saison des cerises, je me régale de burlats, de napoléons et de griottes, la cerise parfaite pour le clafoutis.

L'été, il n'y a que l'embarras du choix, mais c'est aussi la saison où j'ai le moins envie de faire cuire les fruits, car ils sont délicats (sauf les prunes et les figues, qui s'améliorent avec la chaleur). Ça ne m'empêche pas de faire toutes sortes de salades de fruits, infusés aux herbes ou aux épices.

Les fruits d'automne sont faits pour être transformés : je suis toujours à la recherche de pommes et de poires anciennes, qui apportent une autre dimension aux desserts classiques, et j'ai une passion pour les dattes et les pruneaux (moins pour les figues sèches).

En hiver, les agrumes, si abondants dans le Sud-Est, sont comme un rayon de soleil. Je fais une multitude de desserts à base de citron classique, et je viens de découvrir un citron plus rare, le meyer, au goût moins acide et plus mystérieux. Les kakis et les coings apportent de la variété, même s'ils sont moins évidents à travailler. Quant aux fruits exotiques, j'essaie de les éviter la plupart du temps car ils ont trop voyagé et leurs prix sont exorbitants.

Les recettes de ce chapitre sont parmi les plus faciles de ce livre : l'important, c'est de trouver de bons fruits, traités le moins possible avec des produits chimiques (je préfère acheter des fruits bio ou de petits producteurs). Si vous pouvez planter quelques arbres fruitiers dans votre jardin ou profiter de ceux des voisins, c'est l'idéal !

Clafoutis à l'ananas

J'ai mis longtemps à parfaire cette recette, car les ananas cuits à la poêle donnent beaucoup de jus. Mes efforts ont été récompensés : cette recette a gagné un prix prestigieux aux États-Unis !

Pour 6 à 8 personnes
1/2 ananas (environ 400 à 450 g sans la peau) – 55 g de beurre – 50 g de sucre de canne roux – 3 œufs – 65 g de sucre – 45 g de farine – 15 cl de crème fleurette – 1 c. à c. de vanille liquide ou les graines d'1/2 gousse de vanille – 1 c. à s. de rhum – un peu de beurre pour le moule
Préchauffez le four à 160 °C.

Beurrez un moule à clafoutis ou un moule à manqué.

Coupez le 1/2 ananas en 4 quartiers. Enlevez le cœur dur de chaque quartier. Recoupez chaque quartier en 2 dans le sens de la longueur, puis faites des petites tranches dans le sens de la largeur.

Dans une grande poêle, chauffez le beurre à feu assez fort. Ajoutez les morceaux d'ananas en une seule couche si possible. Laissez évaporer le jus quelques minutes, en secouant la poêle de temps en temps. Quand il reste peu de jus, ajoutez le sucre et remuez. Laissez caraméliser le fruit 30 s et disposez-le dans le plat préparé, en mettant le jus de côté.

Dans un grand saladier, fouettez les œufs avec le sucre pour dissoudre le sucre. Incorporez la farine, puis ajoutez la crème, la vanille et le rhum, et mélangez. Incorporez le jus caramélisé d'ananas.
Versez cette pâte sur les fruits. Faites cuire environ 50 mn, pour que la pâte soit bien dorée et qu'un cure-dent ressorte propre. Servez tiède.

Coings au four (SG-SPL)

Immangeable cru car beaucoup trop astringent, le coing est un fruit presque magique : en cuisant il passe du dur au fondant, du blanc au rouge orangé. Dans cette recette, une très longue cuisson au four intensifie la couleur et le goût qu'apportent les épices. Servez-les tièdes avec du fromage blanc ou une glace à la vanille.

Pour 4 personnes
2 coings de taille moyenne – 15 cl d'eau – 135 g de sucre – 1 bâton de cannelle – 1 anis étoilé – le jus d'1/2 citron – 1 pomme
Préchauffez le four à 120 °C.
Épluchez les coings à l'économe, coupez-les en 2 dans le sens de la longueur et évidez-les à l'aide de l'économe ou d'une cuillère à melon. Ne jetez pas les épluchures.
Dans une terrine (de préférence avec un couvercle) ou une cocotte, mélangez l'eau, le sucre, les épices et le jus de citron. Placez les coings dans la terrine, face coupée vers le bas. Recouvrez des épluchures de coings. Épluchez la pomme et râpez-la par-dessus.
Mettez le couvercle ou recouvrez le plat d'aluminium le plus hermétiquement possible. Faites cuire les coings au four pendant 4 à 6 h, jusqu'à ce qu'ils soient complètement confits et très rouges.

Fruits rouges au beurre salé (SG)

Le beurre salé change tout dans ce dessert qui se prépare en une minute. Servez-le avec une glace à la vanille de bonne qualité.

Pour 4 personnes
2 c. à s. de beurre aux cristaux de sel — 600 g de fruits rouges mélangés (fraises, framboises, myrtilles, mûres…) — 50 g de sucre blanc ou roux
Dans une grande poêle, faites chauffer le beurre. Quand il devient mousseux, ajoutez les fruits rouges (les framboises en dernier, si vous les utilisez), saupoudrez de sucre et faites-les juste chauffer, en les retournant délicatement avec une spatule. Servez chaud avec la glace froide.

Gâteaux surprise au citron

J'adore terminer un repas par un dessert au citron, car ça donne toujours une sensation de légèreté. Ce gâteau surprenant se sépare en deux dans le four : une couche de gâteau par-dessus et une délicieuse crème au citron en dessous.

4 à 6 portions selon la taille du ramequin
50 g de beurre mou — 80 g de sucre — le zeste et le jus d'1 gros citron non traité — 2 œufs — 50 g de farine — 1/4 de c. à c. de levure chimique — 1 pincée de sel — 25 cl de lait
Dans un mixeur ou un robot, battez le beurre avec le sucre et le zeste de citron. Séparez les blancs et les jaunes des œufs. Ajoutez les jaunes un par un au mélange beurre-sucre. À petite vitesse, ajoutez ensuite la moitié de la farine, puis la moitié du lait, puis les moitiés restantes. Battez les blancs en neige avec le sel dans un autre bol et incorporez-les délicatement.
Remplissez les ramequins de cette pâte et faites cuire au bain-marie à 180 °C pendant 20 à 30 mn. Les gâteaux doivent être gonflés et dorés. Laissez tiédir et servez.

Gratin de fruits au mascarpone (SG)

Vous pouvez prendre n'importe quel fruit juteux pour ce gratin — fruits rouges, cerises, prunes, abricots, mangues…

Pour 4 personnes

400 g de fruits de saison (ou surgelés et décongelés) – 4 c. à s. de mascarpone – 4 c. à s. de sucre de canne roux

Dénoyautez les fruits et répartissez-les dans 4 plats à crème brûlée ou dans un grand plat.

Disposez des petites cuillères de mascarpone par-dessus les fruits. Saupoudrez de sucre de canne. Faites dorer quelques minutes sous le gril du four.

Gratin de fruits rouges (SG)

Choisissez des petites fraises juteuses, de préférence la mara des bois, et des framboises parfaitement mûres pour ce dessert de plein été.

Pour 4 personnes

3 jaunes d'œufs – 75 g de sucre blanc – 12 cl de crème fleurette – 1/2 gousse de vanille – 250 g de fraises – 250 g de framboises

Dans un mixeur ou au fouet électrique, battez les jaunes d'œufs avec le sucre jusqu'à blanchissement. Ajoutez la crème à petite vitesse.

Versez cette crème dans une casserole épaisse avec la gousse de vanille et les graines que vous avez grattées à l'aide d'un petit couteau. Faites-la chauffer à feu moyen en remuant sans arrêt, comme pour une crème anglaise. Remplissez à moitié un saladier d'eau froide.

Dès que la crème épaissit, mettez le fond de la casserole dans l'eau froide pour arrêter la cuisson (la crème ne doit pas bouillir).

Répartissez les fraises et les framboises dans 4 plats à crème brûlée. Versez la crème par-dessus et faites gratiner sous le gril du four pendant 2 à 3 mn, pour que la surface soit dorée. Surveillez bien, ça va vite !

VARIANTE HIVERNALE
. . . .
En hiver, des tranches de mangue peuvent remplacer les fruits rouges.
. . . .

Melon-gingembre rafraîchissant (SG-SPL)

Il n'y a rien de meilleur en plein été qu'un bon melon mûr, sauf peut-être cette salade qui rajoute deux de mes ingrédients préférés !

Pour 4 personnes
2 melons charentais − 2 c. à s. d'eau − 2 c. à s. de sucre − 1 morceau de gingembre d'environ 2,5 cm − le zeste et le jus d'1 citron vert
À l'aide d'une cuillère à melon, faites des boules et mettez-les dans un saladier.
Dans une petite casserole, faites chauffer l'eau, le sucre et le gingembre râpé. Faites cuire à frémissement pendant 5 mn, puis filtrez. Ajoutez le zeste et le jus de citron vert.
Versez ce sirop sur les boules de melon. Mélangez et laissez macérer au moins 1 h au frais avant de servir.

Mirabelles au sirop de romarin (SG-SPL)

Après avoir goûté ce mariage étonnant dans le bistrot parisien *Le Gaigne*, j'ai cherché à le reproduire à la maison, avec pas mal de succès !

Pour 4 personnes
300 g de mirabelles − 30 cl d'eau − 100 g de sucre − 1 c. à s. de miel délicat, comme le miel de lavande − 1 petite branche de romarin frais
Dans une casserole, mélangez l'eau, le sucre, le miel et le romarin. Portez à ébullition, baissez le feu et faites cuire 5 mn.
Dénoyautez les mirabelles et coupez-les en 2. Ajoutez les fruits au sirop et faites-les pocher à feu très doux 5 à 10 mn, selon leur taille. Arrêtez le feu et laissez refroidir les mirabelles dans le sirop.

Oranges au marsala (SPL)

Si vous ne savez quoi pas faire de la bouteille de marsala que vous avez achetée pour faire du tiramisu, voici une idée rafraîchissante ! Prenez des oranges bio ou non traitées si vous le pouvez.

Pour 6 personnes
6 oranges – 25 cl de marsala demi-sec – 3 c. à s. de miel (au goût pas trop prononcé) – 6 biscuits amaretti *– quelques feuilles de menthe*
À l'aide d'un couteau bien aiguisé, épluchez les oranges à vif en enlevant toute la partie blanche. Coupez-les en 6 quartiers du haut en bas, sans aller jusqu'au bout. Ouvrez chaque orange comme une fleur et disposez-la dans une assiette creuse.
Dans une petite casserole, portez le marsala et le miel à ébullition. Laissez bouillir quelques minutes pour que le mélange devienne un peu sirupeux. Enlevez-le du feu et laissez tiédir. Versez sur les oranges et laissez macérer au moins 30 mn. Juste avant de servir, écrasez les biscuits *amaretti* et saupoudrez-les par-dessus. Décorez avec quelques feuilles de menthe.

Pêches et *amaretti* (SPL)

C'est un dessert pour les beaux jours, quand les pêches sont partout !

Pour 4 personnes
4 pêches mûres, blanches de préférence – 50 g de biscuits amaretti *– 40 g de beurre*
Faites bouillir une casserole d'eau et plongez les pêches dedans pendant quelques secondes pour que la peau s'enlève facilement. (Si vous êtes très paresseuse, vous pouvez sauter cette étape !)
Coupez les pêches en 2 et enlevez le noyau. Disposez-les dans un plat à gratin.

Dans un robot ou avec un rouleau à pâtisserie, écrasez les biscuits. Répartissez les miettes par-dessus les pêches. Étalez le beurre en petites noisettes et faites dorer les pêches quelques minutes sous le gril du four.

Pêches et framboises (SG-SPL)

Dominique Le Stanc, chef du restaurant *La Merenda* à Nice, a compris combien les choses simples peuvent être exquises. Voici un exemple. Il vous faudra, bien sûr, les meilleurs fruits de saison.

Pour 6 personnes
2 barquettes de framboises (250 g) – 1/2 citron – environ 2 c. à s. de sucre – 6 pêches
Écrasez les framboises à la fourchette avec quelques gouttes de jus de citron et le sucre. Modifiez la quantité de sucre selon l'acidité des framboises.
Faites bouillir une casserole d'eau et trempez les pêches dedans pendant quelques secondes pour que la peau s'enlève facilement. Coupez-les en 2, enlevez les noyaux et coupez-les en tranches.
Dans un bol, mélangez délicatement les pêches et les framboises. Servez immédiatement.

Pêches rôties à l'huile d'olive (SG-SPL)

Ce dessert très provençal vient d'une des lectrices de mon blog, Nina. Prenez une huile au goût délicat et évitez les huiles toscanes, trop poivrées et amères pour les desserts. Vous pouvez remplacer les pêches par des abricots.

Pour 6 personnes
6 pêches juste mûres – 10 cl d'huile d'olive – 10 cl de miel de lavande – quelques fleurs de lavande ou de fleurs (ou feuilles) de thym

Coupez les pêches en 2 et enlevez les noyaux. Disposez-les dans un plat qui va au four.

Dans un petit bol, battez l'huile d'olive avec le miel pour que le mélange soit bien émulsionné. Versez-le sur les pêches et saupoudrez quelques fleurs de lavande ou de thym par-dessus. Laissez macérer pendant 1 h environ.

Faites cuire les pêches à 160 °C pendant environ 45 mn, pour qu'elles soient fondantes. Servez avec une glace à la vanille ou de la crème fraîche.

Petits pots de crème au citron, coulis de framboises (SG)

Ce dessert est certes un peu riche (bon, d'accord, très riche !), mais les citrons et les framboises créent une sensation de fraîcheur et de légèreté. Si vous êtes ambitieuse, vous pouvez les servir avec des madeleines maison (p. 78).

Pour 4 à 6 personnes
3 citrons non traités – 100 g de sucre – 5 jaunes d'œufs – 30 cl de crème fleurette – 300 g de framboises – 2 c. à s. de sucre glace
Préchauffez le four à 160 °C.

Prélevez le zeste d'un citron et hachez-les finement. Pressez le jus des 3 citrons, filtrez-le et mélangez-le dans un bol avec le sucre pour dissoudre le sucre.

Dans un autre bol, mélangez les jaunes et la crème au fouet, sans faire trop de mousse. Incorporez le jus de citron et ajoutez le zeste.

Versez dans les petits pots et faites cuire 30 mn au bain-marie, pour que les crèmes soient juste prises. Laissez refroidir au moins 2 h au réfrigérateur avant de servir avec le coulis.

Pour le coulis : mettez de côté 12 framboises. Mixez les framboises restantes avec le sucre glace et filtrez cette purée. Versez une cuillère de ce coulis sur chaque crème et disposez 2 framboises par-dessus.

Essayez de conserver des pots de yaourt en verre pour faire une jolie présentation.

Poêlée de fruits exotiques (SG-SPL)

Un peu de rhum (un bon, de préférence) change tout dans cette recette, mais si vous ne voulez pas mettre d'alcool, vous pouvez le remplacer par un peu de jus de citron vert, très bon également. Choisissez des fruits mûrs mais un peu fermes pour qu'ils tiennent à la cuisson.

Pour 4 personnes
4 tranches d'ananas frais − 2 kiwis − 1 mangue − 1 banane − 20 g de beurre − 1 c. à s. de sucre − 1 c. à s. de rhum ou quelques gouttes de jus de citron vert − 4 boules de glace coco (facultatif)
Coupez tous les fruits en petits dés.
Faites fondre le beurre et le sucre dans une grande poêle à feu moyen. Ajoutez les fruits et faites-les chauffer pendant 1 à 2 mn, en remuant doucement. Arrêtez le feu et ajoutez le rhum ou le citron vert.
Servez dans des verres ou dans des petits bols avec une boule de glace coco si vous le voulez.

Poires au vin rouge (SG-SPL)

Pour cette recette très parfumée, j'utilise des poires williams ou des louises-bonnes, qui tiennent très bien à la cuisson. Si vous le pouvez, préparez ce dessert la veille pour que les poires prennent une belle couleur rosée jusqu'au cœur.

Pour 4 personnes
4 poires (pas trop grosses), à point mais pas trop mûres − 1 bouteille de bon vin rouge corsé mais pas tannique − 100 g de sucre − 1 anis étoilé − 2 bâtons

de cannelle – 1 zeste d'orange non traitée – 1 zeste de citron – quelques fines tranches de gingembre frais – 1 gousse de vanille, fendue en 2
Épluchez les poires à l'aide d'un économe, en laissant les tiges. Coupez une petite tranche à la base de chaque poire pour qu'elle tienne debout. Dans une casserole épaisse, mélangez le vin, le sucre, les épices et les zestes. Ajoutez les poires (le vin doit les recouvrir).
Portez le sirop à frémissement et faites cuire les poires environ 30 à 40 mn, pour qu'elles soient tendres. Enlevez-les du feu et laissez-les macérer quelques heures ou même une nuit si possible.
À l'aide d'une écumoire, disposez les poires dans 4 assiettes creuses. Remettez la casserole sur le feu et faites réduire le vin avec les épices et les zestes pour qu'il soit sirupeux. Versez ce vin sur les poires et décorez avec les épices et les zestes qui seront confits.

Pommes rôties au pain d'épice

La pomme que vous choisirez pour cette recette dépendra de la texture que vous recherchez une fois qu'elle est cuite, mais j'ai eu du succès avec la canada et la reinette, qui fondent bien à la cuisson.

Pour 4 personnes
4 belles pommes – 1 tranche épaisse de pain d'épice (50 g) – 2 c. à s. de raisins secs – 30 g de beurre – 2 c. à s. de miel
Préchauffez le four à 180 °C.
Videz les pommes à l'aide d'un vide-pomme ou d'un économe et disposez-les dans un plat. Émiettez le pain d'épice à la main ou mixez-le au robot. Ajoutez les raisins secs. Faites fondre le beurre et versez-le sur le pain d'épice.
Farcissez les pommes de ce mélange et faites couler le miel par-dessus. Mettez au four environ 45 mn, pour que les pommes soient bien fondantes.

Pommes sautées au caramel (SG)

La pomme est un produit que je préfère acheter bio, car elle est souvent excessivement traitée. Choisissez la variété que vous aimez, mais évitez la canada car elle se défait pendant la cuisson. Vous pouvez servir ces pommes sur du pain perdu ou des crêpes.

Pour 4 personnes
3 grandes pommes ou 4 petites, de préférence une variété ancienne − 30 g de beurre − 50 g de sucre − 2 c. à s. de crème fraîche − 1 pincée de fleur de sel

Coupez chaque pomme en 4 quartiers (ne l'épluchez pas si elle est bio) et videz-la. Chauffez le beurre dans une poêle antiadhésive à feu moyen. Ajoutez les pommes et faites-les cuire assez doucement, des 2 côtés, pour que les quartiers soient cuits à cœur.

Réservez les pommes sur une assiette, en laissant le jus dans la poêle. Ajoutez le sucre dans la poêle et faites-le fondre pour obtenir un caramel doré. Ajoutez la crème fraîche et une pincée de fleur de sel et poursuivez la cuisson pendant 30 s. Versez cette crème sur les pommes et servez.

Salade d'agrumes aux épices

Vous pouvez servir cette salade avec une glace (vanille ou cannelle par exemple) ou avec le fiadone, le gâteau corse au fromage frais (p. 73).

Pour 6 personnes
4 oranges − 3 pamplemousses − 2 citrons − 25 cl d'eau − 75 g de sucre − 1/2 gousse de vanille − 1 bâton de cannelle − quelques pistils de safran − de la menthe fraîche pour décorer

Pelez les fruits à vif (en enlevant toute la peau et la partie blanche) et prélevez les quartiers en coupant entre les membranes (si vous êtes pressée, vous pouvez simplement couper les fruits en tranches).

Dans une petite casserole, chauffez l'eau avec le sucre, la vanille dont vous avez préalablement gratté les graines pour les ajouter au sirop, la cannelle et le safran. Portez à frémissement, puis arrêtez le feu, mettez le couvercle et laissez tiédir.

Versez ce sirop sur les fruits, mélangez et mettez au frais pendant au moins 1 h. Servez avec quelques feuilles de menthe.

Soupe de pêches au sauternes

Si le sauternes vous paraît trop luxueux, vous pouvez le remplacer par un coteaux-du-layon ou un muscat. J'aime accompagner cette soupe d'un sorbet framboise.

Pour 6 personnes
6 pêches mûres, blanches ou jaunes – 20 cl de sauternes ou d'un autre vin doux – 50 g de sucre – 2 nectarines – quelques feuilles de menthe
Faites bouillir une casserole d'eau. Ébouillantez les pêches en les plongeant dans l'eau 15 s. La peau s'enlèvera facilement.

Coupez les pêches en gros morceaux et mettez-les dans une casserole avec le sauternes et le sucre. Portez à ébullition, puis baissez le feu et faites cuire doucement 10 mn. Laissez refroidir, puis mixez. Mettez au frais pendant au moins 2 h.

Répartissez la soupe dans 6 bols et décorez avec de fines tranches de nectarine et quelques feuilles de menthe ciselées.

ENTRE LA POIRE ET LE FROMAGE :
20 IDÉES SUCRÉES-SALÉES AVEC LES FRUITS

1. Chèvre, miel de châtaignier et figues

L'été, c'est mon petit déjeuner préféré. Tartinez une tranche de pain de campagne de bon chèvre frais et recouvrez-le de quartiers de figue. Faites couler du miel de châtaignier par-dessus.

2. Roquefort et poire

Disposez des tranches de roquefort sur des tranches de pain au raisin. Ajoutez des fines tranches de poire, avec la peau. Mettez sous le gril pour faire fondre le fromage et servez.

3. Fromage de brebis et confiture de cerises

C'est un classique du Pays basque. Coupez le fromage en très fines tranches et servez-le sur une assiette avec une cuillère de confiture. Quelques cerises fraîches ne seront pas en trop.

4. Pomme et cheddar

Vous trouverez aujourd'hui des cheddars affinés chez les fromagers et même dans certains supermarchés. Servez-les avec des tranches de pomme un peu acide, comme la cox's orange ou la reinette.

5. Saint-marcellin et pomme

Enveloppez un saint-marcellin et quelques fines tranches de pomme dans une feuille de brick. Enduisez la feuille de brick de beurre et faites cuire au four à 180 °C jusqu'à ce que la pâte soit dorée. Servez avec du mesclun.

6. Roquefort et poire au vin rouge

Faites cuire des poires au vin rouge comme dans la recette p. 58. Servez une demi-poire avec une tranche de roquefort artisanal.

7. Carpaccio de poires au parmesan

Coupez des tranches de poires très fines (avec la peau si elles sont bio) et enduisez-les de jus de citron. Recouvrez de copeaux de vieux parmesan.

8. Pêches et mozzarella

Faites comme si vous faisiez une salade de tomates et mozzarella en remplaçant les tomates par des tranches de pêches jaunes et en utilisant une huile d'olive douce et du vinaigre balsamique.

9. Pastèque et feta

Coupez la pastèque en cubes et mélangez-la à des cubes de feta, en ajoutant une huile d'olive douce et quelques feuilles de menthe.

10. Figues et feta

Coupez des figues très mûres en quartiers et disposez-les dans une assiette. Émiettez la feta par-dessus et arrosez d'une bonne huile d'olive poivrée.

11. Avocat et comté

Coupez de fines tranches d'avocat, enduisez d'huile de noix et recouvrez de lamelles de vieux comté. Servez avec un vieux vinaigre balsamique.

12. Chèvre et framboises

Écrasez des framboises avec une fourchette en ajoutant un peu de sucre si elles sont acides. Servez-les sur un chèvre frais.

13. Poires et *pecorino*

Coupez une poire mûre en quartiers et enduisez-les d'un peu de jus de citron. Recouvrez de copeaux de jeune *pecorino,* un fromage de brebis italien.

14. Parmesan et fraises

Cette fois-ci, choisissez un jeune parmesan. Cassez-le en morceaux et servez-le avec des fraises très parfumées.

15. *Manchego* et coing

Le *manchego,* un fromage de brebis espagnol, se marie traditionnellement avec la pâte de coings.

16. Brousse et confiture

Servez la brousse (fromage frais de brebis) avec de la confiture d'oranges amères ou, encore mieux, une confiture de tomates vertes au gingembre.

17. Pommes au camembert

Videz des pommes et remplissez le trou de dés de camembert, de raisins et de noix. Ajoutez une noisette de beurre, arrosez de miel et faites cuire au four.

18. Coulommiers rôti aux granny-smith

Enlevez la croûte supérieure d'un coulommiers. Remplacez-la par de fines tranches de granny-smith. Placez dans un plat, enveloppez d'aluminium et faites fondre au four.

19. Munster et mirabelles

Placez une tranche de munster sur du pain et saupoudrez de noisettes concassées. Mettez au four pour faire fondre le fromage. Servez avec quelques mirabelles poêlées.

20. Pruneaux et roquefort

Dénoyautez des pruneaux et remplissez le trou avec une noisette de roquefort et un cerneau de noix. C'est encore meilleur avec des pruneaux cuits au vin !

Chapitre 4

Comment retomber en enfance
avec des desserts de grand-mère

Un parfum d'enfance

Pour la plupart d'entre nous, les desserts sont synonymes de souvenirs d'enfance. Le riz au lait, la crème caramel, les meringues : ces desserts simples sont infiniment rassurants, même pour celles qui ont rarement eu l'occasion de goûter les versions « maison ».

Il existe dans l'imaginaire collectif (et, pour certaines, dans la réalité) une grand-mère mythique qui passait sa journée en cuisine à faire plaisir à ses petits-enfants. Cette grand-mère ne se souciait pas des calories, ni des tendances du moment. Ses desserts étaient sucrés, crémeux, prévisibles, sans trop de contrastes de goûts ni de textures… On aimerait en manger tous les jours, sauf que ça ne serait pas raisonnable !

Les desserts présentés dans ce chapitre sont ceux que j'aime préparer avec mon fils, pour que lui aussi se construise un répertoire de souvenirs gourmands. La plupart font partie des recettes de base de la pâtisserie familiale française. Il peut exister, bien sûr, plusieurs versions d'une même recette ; souvent, j'ai testé différentes variantes avant de choisir la « bonne ». N'hésitez pas à les adapter selon votre goût, en changeant le parfum (vanille, citron, orange…) ou en modifiant la quantité de sucre ou de crème. Les meilleures recettes sont toujours celles qui ont une petite touche personnelle !

Barbajuans (SPL)

Originaires de Menton, ces petits raviolis frits peuvent être salés ou sucrés. Si vous trouvez de la confiture de tomates vertes, ça sera parfait !

Pour 4 personnes
250 g de farine – 2 c. à c. de levure chimique – 1 pincée de sel – 4 cl d'huile d'olive – 10 cl d'eau – quelques gouttes de jus de citron – 1 c. à c. de vanille – 8 c. à c. de confiture d'abricots, de figues ou de tomates vertes – de l'huile d'olive pour la cuisson – du sucre glace (facultatif)

Dans un saladier, mélangez la farine, la levure chimique et le sel. Ajoutez l'huile, l'eau, le jus de citron et la vanille. Mélangez pour obtenir une pâte homogène, en la travaillant le moins possible et en ajoutant un peu de farine si la pâte est collante. Laissez reposer la pâte au réfrigérateur pendant au moins 1 h.

Étalez la pâte sur une planche farinée pour obtenir une épaisseur d'environ 5 mm.

À l'aide d'un emporte-pièce ou d'un verre, coupez 8 ronds dans la pâte. Étalez-les un peu plus et mouillez les bords à l'aide d'un pinceau. Mettez 1 cuillère de confiture au centre de chaque rond et repliez-les en 2, en collant bien les bords.

Chauffez 1/2 cm d'huile d'olive à feu moyen dans une poêle antiadhésive. Faites frire les barbajuans des 2 côtés, en les retournant quand ils sont dorés. Laissez égoutter sur un papier absorbant et servez chaud, avec du sucre glace si vous le souhaitez.

Brioche perdue à la fleur d'oranger

Le pain perdu devient plus sophistiqué si vous utilisez des restes de brioche ou de panettone. La fleur d'oranger peut être remplacée par de la vanille, ou par un peu de Grand Marnier ou de Cointreau.

Pour 4 personnes
4 tranches de brioche – 4 œufs – 5 cl de lait – 20 g de sucre – 1 c. à c. d'eau de fleur d'oranger – 1 noix de beurre – 1 c. à c. d'huile neutre
Battez les œufs avec le lait, le sucre et la fleur d'oranger et versez le mélange dans un plat creux. Trempez la brioche des 2 côtés pendant quelques minutes, pour que pratiquement tout le liquide soit absorbé.

Chauffez le beurre et l'huile dans une poêle antiadhésive sur feu moyen. Faites cuire la brioche 2 ou 3 mn de chaque côté pour qu'elle soit bien dorée.

Les cannelés bordelais

J'ai longtemps cru que les cannelés seraient infaisables à la maison, car la texture si particulière – croustillant à l'extérieur, moelleux comme du pain perdu à l'intérieur – paraissait difficile à obtenir. Le secret est de laisser reposer la pâte très longtemps, pas moins de 48 heures. Pour être sûre d'avoir une croûte brillante, vous pouvez enduire les moules d'un mélange de beurre et de cire d'abeille, que vous trouverez dans les magasins diététiques ou chez votre vendeur de miel. Les puristes disent qu'il faut des moules en cuivre, mais j'ai eu de très bons résultats avec un moule en silicone.

Pour 16 cannelés
50 cl de lait – 50 g de beurre – 2 œufs entiers – 2 jaunes d'œufs – 250 g de sucre en poudre – 125 g de farine – les graines d'1/2 gousse de vanille – 2 c. à s. de rhum – 50 g de beurre et 15 g de cire d'abeille (facultatif) pour les moules

Faites bouillir le lait dans une casserole avec le beurre coupé en morceaux. Retirez du feu.

Dans un bol, fouettez les jaunes d'œufs et les œufs entiers. Ajoutez le sucre et la farine et mélangez pour obtenir une pâte lisse. Incorporez le mélange lait-beurre petit à petit, puis ajoutez la vanille et le rhum.

Mettez cette pâte au frais dans un récipient fermé pendant au moins 48 h. Sortez la pâte du réfrigérateur et préchauffez le four à 210 °C avec une plaque au milieu. Dans une petite casserole, faites fondre le beurre avec la cire, si vous l'utilisez. Attention, la cire colle terriblement au pinceau ; un pinceau en silicone sera donc plus facile à laver.

Badigeonnez les moules de ce mélange (ou de beurre fondu) et mettez-les au frais quelques minutes.

Posez les moules sur la plaque chaude. Cette plaque est très importante car il est possible que la cire déborde dans le four et elle prend feu facilement ! Versez la pâte dans les moules, en laissant 1 cm entre la pâte et le bord. La pâte va gonfler de façon impressionnante pendant la cuisson, puis retomber.

Faites cuire les cannelés pendant 1 h. Avant de les démouler, sortez un cannelé pour voir s'il est bien caramélisé. Si ce n'est pas le cas, remettez-les au four encore 5 à 10 mn.

Démoulez les cannelés à la sortie du four et essayez de les manger tièdes, c'est magique !

Clafoutis limousin

Le vrai clafoutis se fait avec des cerises, de préférence avec les noyaux si vous êtes paresseuse et si vous arrivez à détecter la petite note d'amande qu'ils apportent. Pour moi, il n'y a rien de mieux pour ce dessert que les griottes, car j'aime ce contraste acide-sucré.

Pour 6 à 8 personnes

500 g de griottes ou de burlats, avec ou sans les noyaux – 50 g de sucre – 70 g de farine – 1 pincée de sel – 2 œufs plus 2 jaunes d'œufs – 20 cl de lait entier ou de crème fleurette, si vous voulez faire plus « riche » – 1 c. à s. de kirsch ou de marc – 20 g de beurre + un peu pour le moule

Beurrez le moule et placez les cerises dedans. Saupoudrez-les de 20 g de sucre. Mettre de côté pendant 1 h.

Dans un bol, mélangez la farine, le sucre restant, le sel, les œufs et les 2 jaunes d'œufs pour obtenir une pâte épaisse. Ajoutez le lait ou la crème petit à petit, en fouettant pour éliminer les grumeaux. Incorporez l'eau-de-vie. Laissez reposer cette pâte 40 mn à température ambiante.

Préchauffez le four à 180 °C. Versez la pâte sur les fruits et parsemez de petites noisettes de beurre sur la surface. Faites cuire 35 à 40 mn, pour que la surface soit un peu dorée. Servez tiède.

Compote de pommes aux épices (SG-SPL)

La compote de pommes maison est infiniment meilleure que ce que l'on trouve dans le commerce, surtout si vous utilisez des anciennes variétés. Un mélange de variétés donnera même un goût plus intéressant. Cette compote doit être servie tiède à cause du beurre qui durcit en refroidissant ; si vous voulez la manger froide, vous pouvez la faire sans beurre.

Pour 4 personnes
750 g de pommes – 40 g de beurre – 50 g de sucre de canne roux – quelques gouttes de jus de citron – 1/4 de c. à c. de muscade – 1/4 de c. à c. de cannelle en poudre – 1/4 de c. à c. de gingembre en poudre – 1 anis étoilé
Épluchez les pommes et coupez-les en morceaux. Dans une casserole, mélangez les pommes, le beurre, le sucre, le jus de citron et les épices. Portez à ébullition, mettez le couvercle et faites cuire 10 mn à petit bouillon.
Enlevez le couvercle et poursuivez la cuisson encore 10 mn environ, pour que les pommes soient fondantes et que le jus ait réduit. Le temps de cuisson dépendra de la variété des pommes. Laissez tiédir avant de servir.

BON A SAVOIR
• •
N'hésitez pas à choisir des pommes abîmées, elles sont moins chères sur les marchés.
• •

Crème brûlée (SG)

À la base, la crème brûlée est un dessert facile, mais il faut éviter la tentation d'augmenter la température du four pour que la cuisson se fasse plus vite !

Pour 4 personnes
1 gousse de vanille – 15 cl de lait – 15 cl de crème – 6 jaunes d'œufs – 50 g de sucre – 2 c. à s. de cassonade

Préchauffez le four à 100 °C (sans chaleur tournante). Mettez 4 plats à crème brûlée (ou ramequins) sur une plaque.

Fendez la gousse de vanille en 2 et grattez les graines à l'aide d'un couteau. Dans une casserole, chauffez le lait, la crème et la gousse de vanille avec ses graines. À l'ébullition, arrêtez le feu et enlevez la gousse.

Dans un saladier, fouettez les jaunes d'œufs avec le sucre. Ajoutez le mélange lait-crème petit à petit, en fouettant doucement. Essayez de ne pas faire trop de mousse.

Versez la crème dans les plats et faites cuire environ 1 h, en les surveillant. Le temps de cuisson peut être variable selon le four. Les crèmes doivent être à peine prises au centre.

Laissez les crèmes refroidir et mettez-les au réfrigérateur pendant au moins 1 h. Saupoudrez de cassonade et mettez-les sous le gril bien préchauffé pour « brûler » le sucre. Si vous avez un petit chalumeau, c'est le moment de vous en servir !

VARIANTES

• Mélangez 1 c. à c. de mélange pour pain d'épice à 2 c. à s. de cassonade. Remplacez la vanille par 1 pincée d'épices.
• À la place de la vanille, faites infuser 1 dose de safran dans le lait pendant au moins 15 mn.
• Mettez quelques fruits, par exemple des framboises, au fond du plat.
• Ajoutez à la crème 2 c. à s. de purée de potimarron ou de crème de marron. Si vous utilisez la crème de marron, éliminez le sucre.

Crêpes à la vanille

C'est la première recette que mon fils Samuel a appris à faire tout seul, avec simplement un peu d'aide pour la cuisson des crêpes. Il aime parfumer la pâte à la vanille, mais vous pouvez la remplacer par du kirsch, du rhum ou des zestes d'orange ou de citron.

Pour 6 personnes

250 g de farine – 2 œufs – 2 c. à s. d'huile neutre (pépins de raisin, tournesol…) – 1/2 c. à c. de sel – 1 sachet de sucre vanillé – 1 c. à c. de vanille liquide – 50 cl de lait (peut-être un peu plus)

Tamisez la farine dans un bol. Cassez les œufs dans un petit bol pour vérifier qu'il n'y a pas de petits morceaux de coquille, puis versez-les dans la farine. Ajoutez 1 c. à s. d'huile, le sel, le sucre vanillé, la vanille et 10 cl de lait. Mélangez au fouet pour obtenir une pâte lisse. Ajoutez petit à petit le lait restant. Laissez reposer la pâte au réfrigérateur pendant au moins 30 mn, de préférence 1 ou 2 h.

Ajoutez un peu de lait ou d'eau (1 ou 2 c. à s.) à la pâte pour la détendre un peu. Chauffez un peu d'huile à feu vif dans une grande poêle antiadhésive. Versez suffisamment de pâte dans la poêle pour faire une crêpe fine. La première sera certainement ratée, c'est normal ! Faites cuire les crêpes sur les 2 côtés, environ 2 à 3 mn par crêpe. Servez avec du beurre, du sucre, du jus de citron, de la confiture, de la pâte chocolat-noisettes, du caramel au beurre salé, du sirop d'érable…

Fiadone (SG)

Ce gâteau vite fait de grand-mère corse se prépare traditionnellement avec du brocciu, un fromage frais de brebis, mais vous pouvez également utiliser de la ricotta.

Pour 6 personnes

500 g de brocciu ou de ricotta – 3 œufs – 125 g de sucre – le zeste d'1 citron – 1 c. à s. de marc ou de grappa (facultatif) – du beurre pour le moule

Préchauffez le four à 180 °C. Beurrez un moule à manqué ou un plat à tarte un peu profond, style clafoutis.

Dans un saladier, écrasez le brocciu ou la ricotta à la fourchette.

Dans un mixeur (de préférence), battez les œufs et le sucre jusqu'à ce qu'ils blanchissent. Incorporez le fromage à petite vitesse pour que le mélange soit homogène. Ajoutez le zeste et le marc.

Versez ce mélange dans le plat et faites cuire 45 mn, jusqu'à ce que la surface soit légèrement dorée.

SUGGESTIONS DE DÉGUSTATION

Vous pouvez servir ce dessert avec des fraises à la menthe en été et une salade d'agrumes aux épices en hiver.

Financier aux poires

Cette recette de mon ami Alain Ollier est une façon brillante d'utiliser des restes de blancs d'œufs.

Pour 6 personnes
170 g de beurre – 5 blancs d'œufs – 140 g de poudre d'amandes – 250 g de sucre glace – 55 g de farine – 2 poires coupées en deux
Préchauffez le four à 200 °C. Beurrez un moule à manqué.

Faites fondre le beurre dans une petite casserole. Fouettez les blancs d'œufs quelques secondes mais ne les battez pas en neige.

Dans un saladier, mélangez tous les ingrédients sauf les poires. Épluchez les poires, coupez-les en 2 et videz-les. Versez la pâte dans le moule beurré. Disposez les 4 moitiés de poires en trèfle.

Faites cuire environ 25 mn, pour que le gâteau soit doré.

VARIANTES

Vous pouvez remplacer les poires par d'autres fruits, comme des framboises ou des prunes.

Flognarde aux pommes

Ce dessert typiquement auvergnat ressemble au clafoutis, sauf que les fruits traditionnellement utilisés sont les pommes, les poires ou les raisins secs macérés dans du rhum. Je le fais peu sucré pour le servir avec du miel ou de la confiture.

Pour 8 personnes
4 pommes – 1/2 citron – 4 œufs – 50 g de sucre – 40 g de farine – 25 cl de lait – 10 cl de crème liquide – un peu de beurre pour le moule
Préchauffez le four à 180 °C. Beurrez un plat en terre cuite.
Épluchez les pommes et coupez-les en fines tranches. Disposez-les dans le plat et badigeonnez-les de jus de citron pour éviter qu'elles noircissent. Battez les œufs et le sucre jusqu'à blanchissement à l'aide d'un fouet électrique ou d'un mixeur.
Ajoutez la farine petit à petit, puis le lait et la crème. Versez l'appareil dans le plat et faites cuire environ 40 mn, pour que la flognarde soit gonflée et dorée. Vérifiez que les pommes soient fondantes avant de la sortir.

Gâteau d'anniversaire fraises-chantilly

Voici le gâteau d'anniversaire préféré de mon fils Samuel, un vrai gourmand ! Le gâteau est assez consistant, donc plus ou moins inratable.

Pour 8 à 10 personnes
260 g de farine – 2 c. à c. de levure chimique – 1 pincée de bicarbonate – 1/4 c. à c. de sel – 130 g de beurre mou – 200 g de sucre – 3 œufs – 1 jaune d'œuf – 1 c. à c. de vanille liquide – 20 cl de lait fermenté – 50 cl de crème fleurette – 2 c. à s. de sucre – 10 cl de confiture de framboises – 750 g de fraises – un peu de beurre et de farine pour le(s) moule(s)
Préchauffez le four à 180 °C. Beurrez et farinez 2 moules à manqué de 23 cm ou un moule plus profond.

Tamisez ensemble les ingrédients secs. Dans un mixeur équipé d'un batteur ou d'un fouet, ou à la main, battez le beurre et le sucre pour que le mélange soit bien aéré. Ajoutez les œufs un par un, puis le jaune, en mélangeant bien à chaque fois. Ajoutez la vanille.

Incorporez les ingrédients secs en alternant avec le lait fermenté. Quand la pâte est lisse (évitez de trop la mélanger), versez-la dans le(s) moule(s). Faites cuire le gâteau 25 à 30 mn dans les moules à manqué, 45 mn dans le grand moule.

Sortez le gâteau du moule et laissez-le refroidir sur une grille. Si vous avez fait un grand gâteau, coupez-le en 2 dans le sens de la largeur.

Battez la crème avec le sucre. Garnissez le gâteau de confiture, de crème et de quelques 1/2 fraises. Étalez la crème sur tout le gâteau et disposez des 1/2 fraises comme des pics de hérisson.

Gâteau à l'orange

Ce dessert, qui vient de la famille Chamussy à Lyon, me rappelle l'un des premiers gâteaux que j'ai appris à faire. En plus du glaçage à l'orange, je rajoutais une couche de chocolat fondu. J'appelais ce gâteau *chocolate-orange drizzle cake*.

Pour 8 personnes
65 g de beurre mou – 115 g de sucre – 2 œufs entiers – le jus d'1 orange – les zestes de 2 oranges – 115 g de farine – 1 c. à c. de levure chimique – un peu de beurre et de farine pour le moule
Pour le glaçage : 120 g de sucre glace – le jus d'1 orange
Préchauffez le four à 180 °C. Beurrez et farinez un moule à manqué.

À la main ou au mixeur, travaillez le beurre et le sucre en crème (il est très important que le beurre soit mou). Ajoutez les œufs un par un, puis le jus et les zestes d'orange.

Incorporez la farine et la levure chimique. Versez la pâte dans le moule et faites cuire environ 20 mn, pour que la surface soit légèrement dorée. Démoulez le gâteau sur une grille et laissez-le à l'envers.

Dans un bol, mélangez le sucre glace et le jus d'orange. Quand le gâteau est presque froid, versez ce glaçage par-dessus, en attrapant l'excès avec une assiette. Servez avec du thé.

Gâteau aux pommes vite fait

Particulièrement rapide à préparer, ce gâteau se garde très bien. Le fait de caraméliser les pommes les rend très moelleuses, mais vous pouvez sauter cette étape si vous êtes pressée. Prenez une pomme un peu acide si vous le pouvez, une reinette ou une granny-smith par exemple.

Pour 8 personnes
3 pommes – 25 g de beurre – 2 c. à s. de cassonade – 1 c. à c. de cannelle – 2 œufs – 160 g de sucre blanc – 100 g de beurre – 1,5 dl de lait – 175 g de farine – 1 c. à c. de levure chimique – un peu de beurre pour le moule
Beurrez un moule rond de 24 cm. Préchauffez le four à 180 °C.

Épluchez les pommes et coupez-les en fines tranches. Dans une grande poêle, chauffez le beurre à feu vif. Quand il devient mousseux, ajoutez les pommes, la cassonade et la cannelle. Faites cuire 3 à 4 mn, en remuant doucement, pour que les pommes soient un peu caramélisées.

Dans un mixeur ou à la main, battez les œufs et le sucre blanc jusqu'à ce que le mélange blanchisse.

Chauffez le beurre et le lait dans une casserole. Quand le beurre est fondu, versez ce mélange dans les œufs et le sucre en mélangeant. Tamisez la farine et la levure chimique par-dessus et mélangez avec une grande cuillère ou une spatule pour obtenir une pâte lisse.

Versez cette pâte dans un moule à gâteau et répartissez les pommes par-dessus. Faites cuire 25 à 30 mn.

Madeleines au citron

J'ai testé plusieurs recettes avant de trouver la formule magique qui fait la petite bosse sans être obligée de laisser reposer la pâte au réfrigérateur. J'utilise un beurre pommade plutôt que fondu et un peu de levure chimique pour être sûre que la pâte gonfle. Puisque j'adore le citron, j'ai choisi ce parfum, mais vous pouvez aussi les faire à la vanille, à l'extrait d'amande, à la fleur d'oranger, aux pépites de chocolat…

Pour 18 madeleines
3 œufs – 130 g de sucre – 1 pincée de sel – le zeste râpé d'1 citron – 1,5 c. à s. de citron – 160 g de farine – 1 c. à c. de levure chimique – 125 g de beurre pommade (très mou) – un peu de beurre fondu pour le moule
Préchauffez le four à 210 °C. Beurrez le moule à l'aide d'un pinceau et placez-le au réfrigérateur.

Dans un bol, battez les œufs avec le sucre, le sel, le zeste et le jus de citron jusqu'à ce que le mélange devienne mousseux et légèrement blanchi (mais pas trop car ça changerait la texture des madeleines).

Tamisez la farine avec la levure chimique. Incorporez les ingrédients secs au mélange œufs-sucre. Travaillez le beurre avec une spatule en caoutchouc pour qu'il soit bien lisse et ajoutez-le à la pâte. Mélangez avec la spatule pour bien incorporer le beurre (ça ne fait rien s'il reste des petits morceaux de beurre, mais écrasez les gros). Essayez de ne pas travailler la pâte trop longtemps – 1 ou 2 mn suffisent.

À l'aide de 2 cuillères, déposez 1 c. à s. de pâte dans chaque alvéole. Faites cuire les madeleines dans la partie haute du four pendant 5 mn à 210 °C, puis encore 15 mn à 180 °C. Si vous avez un four ventilé, baissez la température de 10 °C.

Servez ces madeleines tièdes si vous pouvez ; elles sont vraiment exquises, mais ne se gardent pas longtemps.

Petits pots de crème à la vanille (SG)

J'ai un peu allégé ce dessert que je trouve délicieux mais trop riche.

Pour 6 personnes
35 cl de lait entier ou demi-écrémé – 15 cl de crème fleurette – 1 gousse de vanille – 6 jaunes d'œufs – 80 g de sucre – 1 pincée de sel
Faites chauffer le four à 180 °C, ou 160 °C à chaleur tournante.
Dans une casserole épaisse, faites chauffer le lait et la crème, en mettant 5 cl de crème froide de côté. Fendez la gousse de vanille et mettez les graines et la gousse dans le mélange lait-crème. Arrêtez le feu juste avant l'ébullition.
Dans un mixeur ou au fouet électrique, battez les jaunes d'œufs pendant 1 mn et ajoutez le sucre. Battez encore 1 mn, réduisez la vitesse au minimum et ajoutez le sel et la crème froide. Ajoutez le mélange lait-crème petit à petit.
Versez cette crème dans 6 petits pots ou ramequins et recouvrez-les d'une feuille d'aluminium ou d'un couvercle. Faites cuire 35 mn au bain-marie, pour que le centre des crèmes soit à peine pris.

BON À SAVOIR
Avec les blancs d'œufs, qui se gardent très bien au congélateur, vous pourrez faire une pavlova (p. 128) ou la tarte au citron meringuée (p. 37).

Petites meringues comme des nuages (SG-SPL)

Mon fils adore manger ces meringues nature, mais vous pouvez aussi les utiliser comme base pour d'autres recettes avec de la crème Chantilly, des fruits ou du chocolat… Vous trouverez bien sûr des idées dans ce livre ! Cette recette est très pratique car je me retrouve souvent avec 2 blancs d'œufs en trop quand je fais des gâteaux, des soufflés ou une crème anglaise. Si vous voulez, vous pouvez ajouter quelques gouttes de colorant rouge pour faire des meringues roses.

Pour 16 meringues
2 blancs d'œufs – 1 pincée de sel – 50 g de sucre en poudre – 50 g de sucre glace
Préchauffez le four à 80 °C four ventilé, ou 100 °C four normal.
Dans un mixeur (ou à la main si vous avez du courage), montez les blancs en neige avec le sel. Ajoutez le sucre en poudre – 1 c. à s. à la fois –, en fouettant pendant quelques secondes après chaque rajout. Arrêtez le mixeur.
Tamisez un tiers du sucre glace par-dessus la meringue et incorporez-le délicatement à l'aide d'une spatule en caoutchouc ou d'une cuillère en métal. Faites pareil avec le sucre glace restant, en deux fois.
À l'aide de 2 cuillères à soupe, faites des quenelles de meringue et placez-les sur une plaque recouverte de papier sulfurisé.
Faites cuire les meringues 1 h 15 à 1 h 30, jusqu'à ce qu'elles prennent une légère couleur café et deviennent sèches en dessous. Éteignez le four et laissez les meringues dedans jusqu'à refroidissement. Vous pouvez couper les meringues en 2 et faire des « sandwichs » avec de la crème Chantilly.

Moka

J'ai toujours aimé les desserts au café, en commençant par l'éclair. Goûtez ce dessert de mon ami Alain Ollier à Paris et vous deviendrez accro, c'est sûr ! Attention, il est très riche, même si j'ai réduit un peu la quantité de beurre…

Pour 8 personnes
250 g de boudoirs bon marché – 200 g de beurre mou – 200 g de sucre – 4 œufs – 2 c. à c. d'extrait de café ou 1 double expresso bien fort – un peu de beurre pour le moule
Préchauffez le four à 180 °C. Beurrez un moule à cake ou 8 petits ramequins.

Mixez les boudoirs au robot ou au blender.

Battez le beurre et le sucre jusqu'à blanchissement. Ajoutez les œufs un par un, en fouettant, puis l'extrait de café ou le café refroidi.

Incorporez les boudoirs en poudre pour que le mélange soit bien lisse. Versez la pâte dans le moule ou les ramequins et égalisez la surface à l'aide d'une cuillère. Faites cuire environ 20 mn pour les ramequins, 40 mn pour le moule à cake. Vérifiez la cuisson à l'aide d'une lame de couteau, qui doit ressortir sèche.

Laissez refroidir et démoulez. Une crème anglaise là-dessus et le tour est joué !

Yaourts sans yaourtière (SG)

Il est tout à fait possible de faire son propre yaourt sans machine !

Pour 8 yaourts
1 l de lait entier – 2 c. à s. de lait en poudre – 1/2 yaourt nature du commerce

Dans une casserole épaisse, portez le lait à ébullition avec le lait en poudre. Enlevez-le du feu. Quand vous pouvez mettre votre petit doigt (propre, bien sûr !) dans le lait et compter jusqu'à 10, ajoutez le yaourt et mélangez bien.

Mettez le couvercle, enveloppez la casserole dans une serviette-éponge et laissez à température ambiante pendant 8 h ou toute la nuit. Quand vous voyez que le yaourt a « pris », mettez-le au réfrigérateur dans un récipient fermé. Le yaourt se garde 7 à 10 jours.

20 TRUCS DE GRAND-MÈRE POUR RÉUSSIR TOUS VOS DESSERTS

1. Ne sautez pas les étapes

Ça peut paraître ennuyeux de beurrer et de fariner un moule. C'est encore plus ennuyeux quand votre gâteau se casse en deux parce qu'il reste collé au moule !

2. Soyez prévoyante

Quand c'est la saison des agrumes, prélevez les zestes de citrons et d'oranges et mettez-les au congélateur. Vous en aurez pour toute l'année ! Préférez les agrumes non traités, bien sûr.

3. Faites de la vapeur

Si vous n'avez pas de four à chaleur tournante, placez un récipient rempli d'eau au fond du four. La vapeur va créer une circulation d'air.

4. Rincez la casserole

Pour éviter que le lait attache, rincez d'abord la casserole avec de l'eau froide. Ça marche !

5. Faites vivre la vanille

Quand vous avez utilisé une gousse de vanille dans une crème, surtout ne la jetez pas ! Rincez-la, faites-la sécher et mettez-la dans un bocal avec du sucre : il va en absorber le parfum.

6. Respectez le pain

Ne jetez jamais le pain sec. Il peut toujours servir pour faire un pudding arrosé de sauce whisky !

7. Conservez les blancs

Quand vous avez des blancs d'œufs en trop, mettez-les au congélateur en indiquant bien le nombre de blancs. Un jour, vous pourrez épater vos convives avec des meringues ou une pavlova.

8. Beurrez maligne

Trempez l'extérieur du moule dans l'eau chaude avant de frotter l'intérieur avec du beurre froid, qui va fondre au contact du moule chaud. Sinon, utilisez du beurre fondu et un pinceau.

9. N'oubliez pas le sel

Une pincée de sel apportera beaucoup plus de volume à vos blancs d'œufs montés en neige. Le sel fait aussi ressortir le goût de n'importe quel dessert, notamment ceux au chocolat.

10. Prenez des précautions

Pour éviter qu'une crème au chocolat ou au citron se transforme en œufs brouillés, ajoutez une cuillère de Maïzena.

11. Ne vous découragez pas

Votre crème a des grumeaux malgré vos précautions ? Ne vous affolez pas : passez-la au tamis pour les enlever.

12. Touillez en « 8 »

Quand vous faites une crème anglaise, suivez la forme du chiffre 8 pour bien racler le fond et les bords de la casserole.

13. N'ayez pas peur de toucher

À part le test du cure-dent, vous pouvez souvent juger de la cuisson d'un gâteau simplement en touchant le centre. S'il reprend sa forme au lieu de garder une empreinte, il est cuit.

14. Caramélisez

Un gâteau aux pommes ou aux poires sera toujours meilleur si vous faites caraméliser les fruits à la poêle d'abord. N'hésitez pas à les caraméliser au sirop d'érable (truc de grand-mère canadienne !).

15. Équipez-vous

Il est tout à fait possible de battre des blancs d'œufs à la main, mais c'est tellement plus facile à la machine. Achetez un minimum d'outils de bonne qualité pour vous faciliter la vie.

16. Lâchez prise

Les enfants adorent la sensation d'avoir fabriquer un gâteau tout seuls. À partir de l'âge où ils savent lire une recette, essayez d'intervenir seulement quand ils vous le demandent ou quand la tâche est dangereuse (hacher le chocolat, préparer un bain-marie, faire frire…).

17. Léchez le bol

Eh oui, c'est votre droit en tant que pâtissière, et il faut quand même bien goûter !

18. Mettez le minuteur

Même si je ne suis pas âgée, j'ai tendance à être distraite. J'utilise toujours le minuteur (en plus de mon nez) pour ne pas oublier ce que j'ai mis au four.

19. Ne travaillez pas trop à l'avance

L'odeur d'un gâteau qui cuit doucement au four fait partie du plaisir de la pâtisserie. Essayez de faire profiter vos convives de ce moment.

20. Prenez plaisir

Si on cuisine souvent par nécessité, la pâtisserie est vraiment une question de plaisir. Si vous n'en ressentez pas l'envie, remettez ça à un autre jour.

Chapitre 5

Comment régresser
tout en restant « mode »

La régression,
ça vous dit quelque chose ?

Pas élégantes, les fraises Tagada® ? Ce n'est pas ce que pensent les pâtissiers d'aujourd'hui. Christophe Michalak, chef pâtissier de l'hôtel *Plaza-Athénée* à Paris, s'inspire d'une enfance passée à regarder la télévision en piochant dans des paquets de bonbons. « Je n'ai pas grandi en mangeant les délicieux gâteaux de ma grand-mère », dit-il. Sa religieuse parfumée au caramel salé est pourtant devenue un classique parisien, et dans sa boutique de Beverly Hills, il vend des macarons au Bounty® ou au Snickers®. Philippe Conticini, qui réinvente les gâteaux les plus classiques à la *Pâtisserie des Rêves* à Saint-Germain-des-Prés, partage ces goûts régressifs : pendant une pause dans sa carrière de chef, il a écrit un livre sur les desserts à base de Nutella®. Et n'oublions pas le chef Alain Ducasse, qui a relancé la mode des guimauves dans ses grands restaurants grâce aux chariots de gourmandises.

Grâce à ces chefs aux goûts ludiques, tout est permis dans la pâtisserie d'aujourd'hui. Carambar®, Dragibus®, chamallows et surtout Nutella® : ce sont tous des ingrédients légitimes qui apportent une touche de modernité et d'humour aux desserts classiques. C'est peut-être un peu *trash*, mais ça plaît autant aux adultes qu'aux enfants. On voit même des petits « kits » de riz au lait et aux bonbons vendus dans les épiceries chic.

Quand vous utilisez ces ingrédients populaires, il ne faut surtout pas être timide : un riz au lait aux Carambar® doit vraiment avoir le goût de Carambar®. Faites comme les grands chefs et affichez fièrement vos goûts régressifs, vous verrez que peu de gens peuvent y résister !

Crunchies au chocolat (SG-SPL)

Dans cette recette sans cuisson au four de l'Américaine Dorie Greenspan, auteur de plusieurs livres sur la pâtisserie à Paris, les corn flakes remplacent la feuillantine utilisée par les chefs français. Vous pouvez varier les fruits secs comme vous le voulez : raisins, pruneaux, abricots secs, noix, noisettes, amandes… La dernière fois, je les ai faits avec des noix de pécan et des canneberges séchées.

Pour 24 crunchies
60 g de noix – 90 g de raisins secs – 30 g de corn flakes – 160 g de chocolat noir de bonne qualité
Hachez les noix et mélangez-les dans un saladier avec les raisins secs et les corn flakes.
Faites fondre le chocolat au bain-marie ou au micro-ondes à petite puissance. Versez le chocolat dans le saladier et mélangez pour que tous les ingrédients soient recouverts de chocolat.
À l'aide de 2 cuillères à café, faites des petits tas de ce mélange sur une feuille de papier sulfurisé posé sur une plaque.
Laissez durcir les *crunchies* au réfrigérateur pendant au moins 1 h avant de servir.

Crème au chocolat, oursons en guimauve

Pourquoi acheter des crèmes toutes faites quand vous pouvez très facilement les préparer vous-même, avec l'aide d'un enfant ?

Pour 4 personnes
80 g de chocolat noir – 50 g de sucre de canne roux – 20 g de cacao en poudre – 15 g de Maïzena – 1 pincée de sel – 50 cl de lait entier – 1 œuf – 4 oursons en guimauve

Hachez le chocolat noir et mettez-le de côté.

Dans une casserole épaisse, mélangez au fouet le sucre, le cacao, la Maïzena et le sel. Ajoutez le lait petit à petit, en fouettant.

Sur feu moyen, portez ce mélange à ébullition sans cesser de le fouetter. Faites cuire à petits bouillons pendant 2 à 3 mn, toujours en le fouettant. Dans un bol qui supporte la chaleur, fouettez l'œuf. Ajoutez la crème au chocolat petit à petit, en mélangeant avec le fouet. Ajoutez le chocolat noir, en mélangeant pour le faire fondre.

Versez la crème au chocolat dans 4 ramequins ou dans un moule à soufflé. Recouvrez avec un film en plastique posé directement sur la surface pour éviter qu'une peau se forme. Avant de servir, enlevez le film et piquez la crème avec les oursons.

Dulce de leche

La confiture de lait, ou *dulce de leche* en Argentine, peut se préparer très facilement avec une boîte de lait concentré sucré. Certaines personnes font simplement bouillir la boîte de lait (sans l'ouvrir), mais elle risque d'exploser. Plutôt que de retrouver du caramel dans les recoins de ma cuisine pendant un an (et de risquer des grosses brûlures), je préfère cette méthode moins dangereuse !

1 boîte de lait concentré sucré de 400 g – 1 pincée de fleur de sel
Préchauffez le four à 220 °C.

Versez le lait concentré sucré dans un plat à gratin ou un plat à tarte (en verre si vous avez). Ajoutez la pincée de sel en remuant.

Placez le plat dans un bain-marie et faites cuire le lait au four pendant 1 h 15-1 h 30. Quand il est bien caramélisé, enlevez-le du four et laissez tiédir. Fouettez pour enlever les grumeaux (vous pouvez aussi le faire au robot). Réservez dans un pot.

Vous pouvez réchauffer le *dulce de leche* dans un bain-marie ou au micro-ondes (ne vous brûlez pas !) avant de le servir avec du pain, des biscuits, des crêpes ou une glace à la vanille.

Fondue choco-noisettes

J'ai été bluffée quand j'ai goûté ce dessert pour la première fois dans le restaurant *Afaria* à Paris. Il vous faudra des brochettes en bois ou des cure-dents.

Pour 4 personnes
1 pot de 400 g de pâte chocolat-noisettes maison (p. 93) ou du commerce
– des madeleines maison (p. 78) ou du commerce – des guimauves maison (p. 91) ou du commerce – des fruits assortis, selon la saison : bananes, fraises, kiwis, clémentines, poires, ananas… – amandes effilées grillées – noix de coco râpée
Faites chauffer doucement la pâte chocolat-noisettes au micro-ondes ou au bain-marie pour la liquéfier, en faisant attention à ne pas la brûler au micro-ondes.
Enfilez les gâteaux, les guimauves et les fruits sur les cure-dents ou les brochettes. Laissez les convives les tremper dans la pâte fondue et les rouler dans les amandes et la noix de coco.

Gâteau de crêpes, pommes et caramel au beurre salé

Le mariage beurre salé-pommes est assez magique dans ce dessert qui plaît autant aux adultes qu'aux enfants.

Pour 4 personnes
1 recette de crêpes (p. 72) – 3 pommes – 2 c. à s. de beurre
Pour le caramel au beurre salé : 120 g de sucre – 60 g de beurre demi-sel – 5 cl de crème
Préparez la pâte à crêpes et faites cuire les crêpes dans une poêle de 20 cm.

Pour le caramel au beurre salé : dans une casserole, faites chauffer le sucre sans rien ajouter. Quand le sucre commence à fondre, remuez-le délicatement de temps en temps. Au moment où il prend une couleur ambrée, arrêtez le feu et ajoutez le beurre en morceaux en faisant attention à ne pas vous éclabousser. Remuez bien, puis remettez sur feu doux et ajoutez la crème. Remuez 1 ou 2 mn pour que le caramel épaississe un peu. Laissez tiédir à température ambiante.

Épluchez et videz les pommes et coupez chaque pomme en 8 quartiers. Dans une poêle antiadhésive, faites chauffer le beurre à feu moyen. Faites revenir les pommes pour qu'elles soient fondantes et légèrement dorées.

Enduisez chaque crêpe de caramel et disposez quelques quartiers de pomme par-dessus. Continuez jusqu'à ce qu'il ne reste plus de crêpes.

Coupez en parts comme un gâteau et servez.

Guimauves aux fruits frais (SG-SPL)

Alain Ducasse a relancé la mode des guimauves il y a quelques années en les proposant sur le chariot de friandises dans ses grands restaurants. Elles sont étonnamment faciles à réaliser à la maison, à condition d'avoir un mixeur ou un fouet électrique. Évitez les colorants alimentaires et utilisez plutôt des fruits frais !

Pour 1 plaque de 24 cm x 24 cm
3 feuilles de gélatine − 3 c. à s. de Maïzena − 3 c. à s. de sucre glace − un peu d'huile neutre pour le moule − 2 blancs d'œufs, à température ambiante − 1 pincée de sel − 150 g de sucre − 4 c. à s. d'eau − quelques gouttes de vanille liquide − 5 cl de purée de fruits frais (framboises, passion, mangue, fraises, cassis…)

Faites tremper les feuilles de gélatine dans un bol d'eau froide. Mélangez la Maïzena et le sucre glace dans un petit bol. Huilez le moule et tamisez environ 2 c. à s. de ce mélange sur le fond.

Dans un mixeur ou au fouet électrique, montez les blancs d'œufs en neige ferme avec la pincée de sel. Ils doivent rester brillants.

Portez le sucre et l'eau à ébullition dans une petite casserole. Sur feu moyen, faites cuire ce sirop 5 mn sans le laisser colorer. Incorporez les feuilles de gélatine, à feu doux.

Mettez le batteur à vitesse maximale et versez le sirop dans les blancs, petit à petit. Ajoutez la vanille et continuez à battre le mélange environ 3 mn. Incorporez la purée de fruits à la main, à l'aide d'une spatule en caoutchouc ou d'une cuillère.

Étalez la guimauve dans le moule et tamisez 2 c. à s. du mélange Maïzena-sucre glace sur la surface. Mettez au réfrigérateur pendant 3 h minimum. Coupez en carrés et roulez-les dans le mélange Maïzena-sucre glace restant.

Île flottante à la pâte chocolat-noisettes (SG)

Cette recette étonnante vient du grand chocolatier parisien Jean-Paul Hévin. Non seulement elle contient de la pâte chocolat-noisettes (il utilise sa propre pâte, exquise), mais les meringues sont faites au micro-ondes !

Pour 2 personnes
1 jaune d'œuf – 4 c. à s. de sucre – 12 cl de lait – 2 c. à s. de crème fleurette – 1 c. à s. de pâte chocolat-noisettes – 3 blancs d'œufs

Dans un petit bol, mélangez le jaune et 1 c. à s. de sucre au fouet. Incorporez la pâte chocolat-noisettes. Chauffez le lait et la crème dans une petite casserole, versez la moitié dans le mélange chocolat-jaune, mélangez et reversez cette crème dans la casserole. Chauffez à feu doux, en remuant, jusqu'à ce que la crème épaississe, sans la laisser bouillir. Laissez refroidir, fouettez et reversez dans 2 bols qui vont au micro-ondes.

Pour la meringue, battez les blancs d'œufs avec 3 c. à s. de sucre pour obtenir une meringue. Placez une cuillère de ce mélange dans chaque bol et chauffez dans le micro-ondes à puissance maximale pendant 7 s. Laissez refroidir au réfrigérateur et servez froid.

Muffins au Toblerone®

Il ne faut pas forcément être enfant pour apprécier ces muffins très cho-colatés qui se dégustent à n'importe quelle heure. Si vous avez un moule à mini-muffins, utilisez-le !

Pour 9 muffins
130 g de farine − 20 g de cacao en poudre − 1 c. à c. de levure chimique − 60 g de sucre vergeoise ou de sucre de canne roux − 1 pincée de sel − 6 cl d'huile de tournesol (ou une autre huile neutre) − 8 cl de lait − 1 œuf − 100 g de Toblerone® − un peu de beurre pour le moule ou 9 caissettes à cupcakes
Préchauffez le four à 180 °C. Beurrez le moule à muffins ou chemisez-le de caissettes.
Tamisez la farine, le cacao et la levure chimique dans un bol. Ajoutez le sucre et le sel, et mélangez.
Faites un puits au milieu des ingrédients secs et ajoutez l'huile, le lait, l'œuf battu et le Toblerone® haché. Mélangez à l'aide d'une cuillère en métal juste pour ne plus voir de traces de farine.
Répartissez cette pâte dans le moule et faites cuire 15 à 20 mn pour des muffins de taille normale.

Pâte chocolat-noisettes (SG)

Eh oui, vous pouvez très bien faire votre pâte chocolat-noisettes vous-même ! Elle sera plus intense et moins sucrée que le fameux Nutella®. Pour réussir cette recette, il vous faut un mixeur ou un robot assez puis-sant pour réduire les noisettes en fine poudre (vous pouvez aussi tricher en achetant de la poudre de noisettes !).

Pour 1 bocal de 30 cl
90 g de sucre de canne ou sucre vergeoise blonde − 60 g de noisettes grillées, sans leur peau − 50 g de très bon chocolat à environ 65 % de cacao − 20 g de cacao en poudre − 10 cl de lait − 70 g de beurre

Dans le bol d'un mixeur ou d'un robot, mixez le sucre pour le réduire en fine poudre. Ajoutez les noisettes et mixez encore pour obtenir une poudre. Hachez le chocolat.

Dans un bain-marie (un bol qui résiste à la chaleur placé au-dessus d'une casserole d'eau frémissante), faites fondre le chocolat avec le mélange sucre-noisettes. Ajoutez le cacao, le lait et le beurre et faites cuire quelques minutes, en remuant, pour que la crème soit lisse.

Versez la crème dans un bocal bien propre et mettez-la au réfrigérateur. Cette pâte se garde 3 semaines, théoriquement !

Riz au lait aux Carambar® (SG)

Cette recette a été inspirée par les petits « kits » de riz au lait que l'on voit maintenant dans les épiceries fines. J'ai inventé ma propre version avec des Carambar® et un peu de fleur de sel à la place des caramels au beurre salé. C'est moins sophistiqué, certes, mais c'est délicieux !

Pour 6 pots
60 cl de lait entier − 65 g de riz rond − 1/4 de c. à c. de fleur de sel − 7 Carambar®

Lavez le riz dans une passoire. Faites chauffer le lait et le riz dans une casserole épaisse. Juste avant l'ébullition, baissez le feu et faites cuire à feu doux, en remuant souvent, pendant 25 mn.

Ajoutez les Carambar® coupés en 3 et le sel et poursuivez la cuisson encore 5 mn, pour que les Carambar® soient fondus.

Versez dans des pots en verre (pots de yaourt vides, par exemple) et mettez au réfrigérateur au moins 1 h avant de servir.

Volcans roses

Sur chaque *cupcake* est posée une fraise Tagada® qui explose pendant la cuisson pour créer une sorte de lave rose. Étrange mais bon. Vous

COMMENT RÉGRESSER TOUT EN RESTANT « MODE »

pouvez remplacer les framboises par des fraises coupées ou des morceaux de rhubarbe, ça sera très bon également.

Pour 16 cupcakes
100 g de sucre – le zeste d'1 citron – 325 g de farine – 2 c. à c. de levure chimique – 110 g de beurre – 2 œufs – 25 cl de lait – 1 c. à c. de vanille liquide – 250 g de framboises – 16 fraises Tagada® – un peu de beurre pour le moule ou 16 caissettes à cupcakes
Préchauffez le four à 200 °C. Beurrez un moule à muffins ou chemisez-le de caissettes.
Dans un bol, mélangez le sucre, le zeste de citron, la farine et la levure.
Faites fondre le beurre dans une petite casserole. Dans un autre bol, fouettez les œufs, le lait, la vanille et le beurre fondu. Versez les ingrédients liquides sur les ingrédients secs, ajoutez les framboises et mélangez juste pour qu'il n'y ait plus de traces de farine (ne vous inquiétez pas si les framboises s'écrasent).
Remplissez les caissettes aux deux tiers de ce mélange et posez une fraise Tagada® sur chaque *cupcake,* en l'enfonçant très peu. Faites cuire 20 mn et démoulez rapidement sur une grille pour éviter que les bonbons fondus collent au moule.

20 FAÇONS DE RETOMBER GENTIMENT EN ENFANCE

1. Aimez les bols

Servez les gâteaux, les crumbles et les crèmes dans des bols avec de la crème anglaise ou de la crème fraîche légèrement sucrée. J'adore la sensation réconfortante de manger avec un bol et une cuillère.

2. Décorez avec des bonbons

Des bonbons colorés sur le glaçage rendent tout de suite vos gâteaux, muffins et *cupcakes* joyeux. Laissez faire les enfants, c'est encore mieux !

3. Parfumez votre riz au lait

En fin de cuisson d'un riz au lait classique, ajoutez les bonbons ou le parfum que vous voulez. Exemples : pâte chocolat-noisettes, violettes ou roses confites, caramel au beurre salé, fraises déshydratées…

4. Découvrez le beurre de cacahuètes

Le beurre de cacahuètes représente vraiment le goût de mon enfance, et celui de mon fils Samuel aussi (je l'achète en magasin bio pour éviter les graisses hydrogénées). Essayez-le tartiné sur du pain avec des copeaux de chocolat ou du miel.

5. Préparez un vrai chocolat chaud

Au lieu d'utiliser une poudre, faites fondre du vrai chocolat dans du lait frais, en le fouettant. Pour une boisson très régressive, faites flotter des petites guimauves dedans !

6. Faites votre propre caramel liquide

Portez à ébullition 250 g de sucre, 1 c. à c. de jus de citron et 5 cl d'eau. Laissez bouillir en remuant par petits mouvements circulaires de la casserole. Quand le caramel prend une couleur ambrée, retirez-le du feu et ajoutez 10 cl d'eau, en vous éloignant de la casserole pour éviter les éclaboussures. Remettez quelques secondes sur le feu en remuant. Laissez refroidir. Vous pouvez conserver ce caramel plusieurs mois au réfrigérateur. Utilisez ce caramel pour napper les yaourts, fromages blancs et glaces.

7. Faites des « sandwichs » de meringues

Prenez deux petites meringues. Collez-les ensemble avec de la crème Chantilly ou de la glace à la vanille un peu ramollie. Servez avec un bol de coulis de fruits pour les tremper.

8. Osez la cannelle

Faites un mélange de 1 c. à s. de sucre de canne roux et 1 c. à c. de cannelle en poudre. Faites légèrement griller 2 tranches de pain de mie. Beurrez généreusement et saupoudrez de ce sucre parfumé. Mettez sous le gril pour faire fondre le sucre.

9. Faites des *alfajores*

Collez 2 petits biscuits sablés (ou petits-beurre) ensemble avec le *dulce de leche* (p. 89), ou confiture de lait. En Espagne et en Amérique centrale, cette gourmandise s'appelle *alfajor*.

10. Transformez des fruits

Faites fondre du bon chocolat dans un bain-marie. Trempez des morceaux de fruits de saison (poires, bananes, fraises, kiwis, clémentines…) dedans et laissez refroidir au réfrigérateur sur un papier sulfurisé.

11. Habillez le fromage blanc

Le fromage blanc peut être excitant, il suffit de le transvaser dans un verre et d'ajouter deux couleurs de confiture, une de chaque côté. Puis piquez les bords de quelques biscuits à la cuillère ou de *pavesini* (biscuits italiens).

12. Créez un gâteau de nounours

Faites chauffer une assiette au four. Prenez 2 sachets de nounours chocolat-guimauve et posez-les sur l'assiette quelques secondes pour faire fondre le chocolat. Empilez-les pour créer un gâteau carré (vu en version beaucoup plus chère à la Grande Épicerie du Bon Marché).

13. Caramélisez le pop-corn

Faites cuire du pop-corn avec un fond d'huile dans une casserole épaisse avec le couvercle (sauf si vous voulez ramasser du pop-corn pendant des jours !). Quand les grains ont éclaté, saupoudrez généreusement de sucre. Secouez la casserole pour faire fondre le sucre et caraméliser le pop-corn.

14. Pensez aux croques sucrés

Préparez un sandwich de pain de mie, de morceaux de chocolat et de tranches de poire ou de banane, en le beurrant à l'extérieur. Faites-le cuire à la poêle en le retournant ou dans une machine à croque-monsieur.

15. Préparez votre pâte à tartiner

Faites un mélange 50/50 de miel foncé (style miel de forêt) et de pâte de noisettes. C'est un délice !

16. Saupoudrez de sucre coloré

Aujourd'hui, on trouve toutes sortes de sucres dans les épiceries. Choisissez plutôt des sucres aux parfums naturels (rose, menthe, violette…), c'est plus appétissant !

17. Inventez des milk-shakes

Moins « santé » que le *smoothie*, le milk-shake est fait de lait, de crème glacée et de fruits (si vous le voulez). Soyez généreuse avec la crème glacée !

18. Rendez vos cookies plus gourmands

Remplacez le chocolat haché dans la recette des cookies au chocolat (p. 125) ou des cookies au beurre de cacahuètes (p. 124) par des M&M'S®.

19. Trempez les meringues

Faites fondre du chocolat et trempez la moitié de la meringue dedans. Laissez prendre sur une assiette au réfrigérateur et servez.

20. Faites un cookie géant

Plutôt qu'un gâteau d'anniversaire, faites un énorme cookie rond, qui pourra être cassé en parts. Tout le monde adore !

Chapitre 6

Comment rendre une tablette
de chocolat très sophistiquée

COMMENT RENDRE UNE TABLETTE DE CHOCOLAT TRÈS SOPHISTIQUÉE

Envie de choisir
le meilleur chocolat ?

La meilleure arme secrète de toute paresseuse est certainement la plaque de chocolat de bonne qualité. Pour moi, il n'y a rien de plus appétissant au monde que le chocolat fondu, qui sert de base à mille desserts élégants. Souvent, il ne faut pas grand-chose pour obtenir un résultat extraordinaire : pensez au succès du fondant au chocolat, un gâteau tout bête à préparer qui est devenu un *must* dans tous les restaurants à la mode.

Vous ne serez pas surprise de m'entendre dire que ce qui compte avant tout, c'est la qualité de votre chocolat. Vous trouverez du chocolat à pâtisserie acceptable dans tous les supermarchés, mais l'idéal, si vous aimez le chocolat, est de vous rendre dans un magasin qui fournit les chefs pâtissiers (par exemple, *Detou* à Paris) où vous pouvez acheter des blocs d'un kilo ou plus (le chocolat se garde très bien à température ambiante). C'est plus économique que les plaquettes de 100 ou 200 g, et bien meilleur !

Si vous pouvez, choisissez un chocolat « grand cru » à environ 65 % de cacao pour éviter que vos desserts soient trop amers. Le chocolat « couverture » est un chocolat fait pour les pâtissiers, avec plus de beurre de cacao qu'un chocolat normal. Vous pouvez l'utiliser dans toutes vos recettes, même si à l'origine il est fait pour l'enrobage. Attention, l'enrobage n'est pas vraiment un travail de paresseuse car il faut gérer la température au degré près pour obtenir une croûte brillante et craquante (je ne vais pas aborder le sujet dans ce livre).

Peu de desserts plaisent autant que ceux au chocolat, comme le savent les restaurateurs. Toutefois, pensez à l'équilibre du repas : si vous avez prévu un dessert riche en chocolat et en beurre (par exemple, le fondant au chocolat), choisissez un plat plutôt léger. Sinon, servez les gâteaux au chocolat à l'heure du goûter, un moment où ils sont toujours appréciés !

Biscotti chocolat-amandes (SPL)

Si vous aimez le goût du chocolat mais que vous ne voulez pas manger un gâteau riche, voici la solution !

Pour 40 biscotti
150 g d'amandes (avec ou sans la peau) – 270 g de farine – 1 c. à c. de levure chimique – 40 g de cacao en poudre de très bonne qualité – 170 g de sucre – 3 œufs – 1 c. à c. de vanille liquide
Préchauffez le four à 180 °C. Étalez les amandes sur une plaque et faites-les griller 10 mn, pour qu'elles soient légèrement dorées.
Dans un saladier, mélangez la farine, la levure chimique, le cacao tamisé et le sucre. Ajoutez les œufs et la vanille et mélangez pour obtenir une pâte assez collante.
Divisez la pâte en 2. Sur une planche légèrement farinée, roulez la moitié de la pâte pour faire une longue bûche. Aplatissez la bûche et mettez-la sur une plaque chemisée de papier sulfurisé. Faites la même chose avec la seconde moitié de pâte.
Faites cuire les bûches environ 25 mn, pour qu'elles soient fermes. Laissez-les refroidir sur la plaque pendant 15 mn. Disposez les bûches sur une planche. À l'aide d'un grand couteau bien affûté (un couteau à pain, ce n'est pas l'idéal), coupez en biais des tranches de 1 cm. Disposez ces biscuits sur 1 ou 2 plaques et remettez-les au four pendant 20 mn environ, pour qu'ils soient bien secs. Servez avec du café ou du chocolat chaud.

VARIANTE GOURMANDE
Pour une version gourmande, ajoutez des pépites de chocolat à la pâte !

Caramel au chocolat (SG)

Cette recette assez étonnante vient de mon amie Paule. Elle paraît un peu technique, mais si vous faites confiance aux instructions, elle est assez inratable. Vous pouvez le servir dans des petits pots ou sur une pâte à tarte précuite, comme la pâte à l'huile d'olive (p. 34).

Pour 8 personnes
200 g de chocolat noir – 100 g de beurre – 20 cl de crème fleurette – 200 g de sucre – quelques gouttes de jus de citron
Dans un bain-marie ou au micro-ondes, faites fondre le chocolat et le beurre. Ajoutez la crème froide, en fouettant pour lisser le mélange.
Dans une petite casserole épaisse, faites fondre le sucre avec quelques gouttes de jus de citron. Évitez de remuer le sucre avant qu'il soit complètement fondu.
Quand le sucre prend une couleur caramel clair, ajoutez le mélange au chocolat en fouettant, en faisant attention à ne pas vous brûler. Continuez à fouetter jusqu'à ce que le mélange soit lisse.
Versez dans des petits pots (ou sur une pâte à tarte précuite) et mettez au congélateur pendant 1 h avant de servir.

Financiers choco-pistache-framboise

Trois de mes ingrédients préférés sont réunis dans ces petits gâteaux que j'ai adaptés d'une recette du chocolatier Jean-Paul Hévin. Si vous ne trouvez pas de pistaches, vous pouvez les remplacer par de la poudre d'amandes.

Pour 16 petits financiers
100 g de chocolat noir – 100 g de crème liquide – 35 g de sucre glace – 25 g de farine – 25 g de pistaches en poudre – 1/2 c. à c. de levure chimique – 40 g de beurre – 2 blancs d'œufs – 16 framboises – un peu de beurre pour le moule

Préchauffez le four à 180 °C. Beurrez un moule à financiers ou à muffins. Hachez le chocolat noir. Portez la crème à ébullition et versez-la sur le chocolat. Mélangez au fouet pour faire fondre le chocolat.

Dans un saladier, mélangez le sucre glace, la farine, la poudre de pistaches et la levure.

Faites fondre le beurre dans une petite casserole et laissez-le tiédir dans un petit bol. Cassez les blancs d'œufs à l'aide d'un fouet (sans les monter en neige) et ajoutez-les aux ingrédients secs. Mélangez, puis incorporez le beurre fondu. Ajoutez ce mélange à la ganache (chocolat-crème) et mélangez au fouet pour lisser la pâte.

Remplissez le moule aux deux tiers et disposez une framboise au milieu de chaque gâteau. Faites cuire 20 mn. Laissez les gâteaux tiédir 5 mn avant de les démouler.

Fondant au chocolat de Claire

Rares sont les menus sans fondant au chocolat, mais celui de *La Table de Claire* à Paris est exceptionnel car il garde son cœur moelleux, presque liquide, même en refroidissant. Ce dessert divin est l'un des plus simples de ce livre. La seule difficulté, c'est de résister à la tentation de le cuire trop longtemps.

Pour 8 personnes
220 g de chocolat noir – 200 g de beurre – 100 g de sucre en poudre – 5 œufs – 1 c. à s. rase de farine – un peu de beurre pour le moule
Préchauffez le four à 180 C.

Faites fondre le chocolat noir avec le beurre. Ajoutez le sucre en poudre en mélangeant pour le faire fondre, puis les œufs un par un. Terminez avec la farine.

Versez la pâte dans 8 moules ou cercles individuels (8 mn de cuisson) ou 1 grand moule (20 mn de cuisson). Le gâteau n'aura pas l'air cuit, mais il continuera à cuire un peu en dehors du four.

BON À SAVOIR

Il est inutile de beurrer les petits moules si vous servez les gâteaux dedans.

Fondant à la crème de marron (SG)

Ce gâteau, qui vient d'une autre amie du nom de Claire, est parfait pour la saison des fêtes car il est rapide mais festif et se prépare un jour à l'avance. Il est sans gluten, ce qui peut être utile à savoir si vous avez des amis allergiques.

Pour 8 personnes
150 g de chocolat noir – 100 g de beurre – 500 g de crème de marron sucrée – 3 œufs – 1 c. à s. de fécule de pomme de terre ou de Maïzena – 1 bonne pincée de sel – un peu de sucre glace – un peu de beurre et de farine pour le moule
Préchauffez le four à 180 °C. Hachez le chocolat et mettez 50 g de côté. Faites fondre le beurre avec les 100 g restants de chocolat, soit à feu doux dans une petite casserole, soit au micro-ondes.
Dans un saladier, mélangez la crème de marron au fouet avec le beurre et le chocolat fondu. Ajoutez les œufs, la fécule tamisée et le sel, et mélangez bien au fouet. Ajoutez en dernier le chocolat haché.
Versez la pâte dans un moule beurré et fariné et faites cuire environ 30 mn. À la sortie du four, le gâteau doit rester un peu mou au milieu.
Laissez-le refroidir complètement puis démoulez-le sur le plat de service. Emballez-le bien dans du film alimentaire et laissez-le reposer au frais toute la nuit.
Au moment de servir, saupoudrez ce fondant de sucre glace. Il sera encore plus délicieux accompagné d'une salade de fraises ou d'une crème anglaise bien fraîche.

Gâteau chocolat-orange amère sans farine (SG)

Quoique assez riche, ce gâteau garde une texture légère car il ne contient pas de farine.

Pour 10 à 12 personnes
175 g de chocolat noir − 175 g de beurre − 150 g d'amandes ou de noisettes en poudre − 200 g de confiture d'oranges amères − le zeste d'1 orange non traitée − 5 œufs − 150 g de sucre − 1 pincée de sel
Préchauffez le four à 160 °C. Beurrez un moule rond à fond amovible de 24 cm et chemisez le fond de papier sulfurisé.
Dans une casserole épaisse ou un bain-marie, faites fondre le chocolat avec le beurre, en remuant. Laissez tiédir et ajoutez les amandes ou noisettes en poudre, la confiture et le zeste d'orange.
Séparez les blancs d'œufs des jaunes. Dans un mixeur ou à l'aide d'un fouet électrique, battez les jaunes avec le sucre jusqu'à blanchissement. Incorporez le mélange au chocolat.
Lavez bien le fouet et, dans un autre bol, montez les blancs en neige avec la pincée de sel. Ajoutez un tiers des blancs au mélange jaunes-chocolat pour l'alléger, puis incorporez délicatement les blancs restants.
Versez la pâte dans le moule et faites cuire environ 40 mn, pour qu'une légère croûte se forme sur la surface. Le centre doit rester un peu tremblant.
Laissez refroidir dans le moule puis démoulez.

VARIANTE
. . . .
Si vous voulez, vous pouvez glacer ce gâteau avec la ganache des *cupcakes* au chocolat (p. 125).
. . . .

Gâteau coulant aux poires

Ce gâteau est plus proche du pudding anglais que du gâteau coulant que l'on trouve souvent dans les restaurants. Un très bon chocolat changera tout.

Pour 4 personnes
2 demi-poires en conserve, égouttées – 150 g de chocolat noir – 100 g de beurre – 2 œufs entiers – 2 jaunes d'œufs – 50 g de sucre – 15 g de farine – 1 grande pincée de fleur de sel – un peu de beurre pour les moules
Préchauffez le four à 180 °C. Beurrez 4 ramequins ou bols (qui supportent la chaleur du four) d'une contenance de 25 cl. Vous pouvez aussi utiliser un moule à soufflé.
Coupez les 1/2 poires en dés de 1 cm. Dans une casserole ou au bain-marie, faites fondre le chocolat et le beurre à feu doux. Lissez à l'aide d'un fouet. Dans un saladier, battez les œufs entiers, les jaunes et le sucre jusqu'à blanchissement. Incorporez doucement la farine, le sel, le mélange chocolat-beurre et les poires. Remplissez les moules et faites cuire 12 à 15 mn, pour qu'ils soient gonflés. Pour un grand moule, faites cuire environ 30 mn. Le gâteau doit rester coulant à l'intérieur. Vous pouvez servir avec de la crème fraîche un peu sucrée.

Mousse au chocolat à l'huile d'olive (SG-SPL)

L'huile d'olive peut paraître étonnante ici, mais elle permet d'alléger la mousse au chocolat en apportant un petit goût sophistiqué. Prenez si possible une huile « fruité noir », faite à partir d'olives très mûres et donc plus douce en goût. Cette recette vient de ma grande amie Paule Caillat, directrice du Salon culinaire à Paris.

Pour 4 personnes
100 g de chocolat de bonne qualité à environ 65 % de cacao – 2 c. à s. d'huile d'olive douce – 2 jaunes d'œufs – 4 blancs d'œufs – 1 pincée de sel – 1 c. à c. de sucre en poudre – quelques gouttes d'huile pour la finition

Faites fondre le chocolat avec l'huile d'olive au bain-marie ou au micro-ondes. Mélangez bien puis incorporez les jaunes un par un, sans cesser de bien mélanger.

Battez les blancs en neige ferme avec la pincée de sel, en ajoutant le sucre quand ils sont montés aux deux tiers. Incorporez au fouet un tiers des blancs dans le chocolat. Ajoutez les deux tiers restants et incorporez-les délicatement à l'aide d'une spatule ; il ne doit plus rester de traces de blanc. Verser dans un plat à soufflé ou dans des ramequins ou verrines.

Réservez au moins 3 h au réfrigérateur. Au moment de déguster, ajoutez quelques gouttes d'huile sur chaque part.

Panna cotta au chocolat (SG)

La *panna cotta* est l'un de ces desserts qui plaisent toujours. Cette version au chocolat est très riche, donc réservez-la pour terminer un repas léger.

Pour 4 à 6 personnes
2 feuilles de gélatine – 100 g de chocolat noir – 37 cl de crème fleurette – 40 g de sucre – 1 pincée de sel – 2 c. à s. de liqueur de votre choix (Grand Marnier, Frangelico, amaretto…) (facultatif) – un peu d'huile neutre pour les ramequins

Huilez 4 à 6 ramequins ou petits bols, en enlevant l'excédent avec du papier absorbant. Faites tremper la gélatine dans un bol d'eau froide. Hachez le chocolat.

Dans une petite casserole, chauffez la crème avec le sucre et le sel. Quand le liquide commence à frémir, ajoutez la gélatine essorée. Mélangez encore 30 s sur feu moyen, sans laisser bouillir la crème.

Enlevez la casserole du feu et ajoutez le chocolat, en fouettant jusqu'à ce que la crème soit lisse. Incorporez la liqueur. Versez cette crème dans les ramequins. Filmez les ramequins et mettez-les au réfrigérateur pendant au moins 3 h, pour que la crème prenne.

Servez avec un coulis de framboises, comme dans la recette des petits pots de crème au citron (p. 57).

Petits pots de chocolat « Aztec » (SG)

Ces petits pots au goût mystérieux rappellent le chocolat chaud des Aztèques. Ne jetez pas vos petits pots de yaourt en verre, car c'est le récipient idéal pour la présentation.

Pour 6 personnes
50 cl de lait entier – 1 bâton de cannelle – 125 g de chocolat noir – 6 jaunes d'œufs – 50 g de sucre
Préchauffez le four à 150 °C.

Dans une casserole, portez le lait à ébullition avec la cannelle. Laissez infuser, hors du feu, à couvert, 10 mn.

Hachez le chocolat avec un gros couteau et faites-le fondre dans le lait chaud après avoir retiré la cannelle.

De préférence dans un mixeur, battez les jaunes d'œufs avec le sucre. Incorporez le mélange lait-chocolat. Versez cette crème dans les petits pots.

Faites-les cuire au bain-marie environ 45 mn, jusqu'à ce que les crèmes soient fermes.

Laissez-les refroidir avant de les placer au réfrigérateur.

Truffes au rhum (SG)

J'aime terminer un repas de fête avec ces petites truffes au goût subtil de rhum. Si vous voulez, vous pouvez les tremper dans du chocolat fondu avant de les rouler dans le cacao, mais c'est plus délicat.

Pour 30 truffes environ
50 g de pruneaux dénoyautés – 4 cl de rhum – 30 g d'amandes, avec ou sans leur peau – 150 g de chocolat noir – 10 cl de crème fleurette – du cacao
Préchauffez le four à 180 °C.

Hachez les pruneaux et mélangez-les avec le rhum dans un petit bol. Étalez les amandes sur une plaque et faites-les griller quelques minutes pour qu'elles soient légèrement dorées. Laissez-les refroidir. Hachez les amandes au couteau ou pilez-les dans un mortier.

Hachez le chocolat et mettez-le dans un bol. Dans une petite casserole, faites bouillir la crème et versez-la sur le chocolat. Ajoutez les pruneaux avec le rhum et les amandes. Laissez refroidir au réfrigérateur pendant 2 à 3 h.

Faites des petites boules avec ce mélange et roulez-les dans le cacao. Mettez les truffes sur une assiette et gardez-les au réfrigérateur.

20 FAÇONS DE RENDRE VOS DESSERTS AU CHOCOLAT ENCORE PLUS CHIC

1. Aimez la fleur de sel

Le chocolat et la fleur de sel, c'est un mariage magique. Ajoutez-en une pincée à n'importe quel dessert au chocolat (ou disposez quelques cristaux sur la surface) et vous sentirez tout de suite la différence !

2. Faites-les briller

Vous trouverez des feuilles d'or ou d'argent dans les magasins pour pâtissiers ou dans certaines épiceries indiennes. Il en faut très peu pour créer une sensation de luxe !

3. Mettez du noir

Quand vous servez un beau dessert au chocolat, habillez-vous tout en noir (avec des talons si vous aimez ça) pour un effet très sophistiqué !

4. Saupoudrez de sucre glace

Le contraste noir-blanc peut être très joli, comme une légère couche de neige.

5. Surveillez

Si vous faites trop cuire un gâteau coulant ou un fondant, il perdra tout son intérêt. Utilisez le minuteur et sortez-le quand le centre est encore tremblant. Rappelez-vous qu'il continuera à cuire un peu après sa sortie du four.

6. Misez sur la qualité du chocolat

Faite avec du chocolat quelconque, même la meilleure recette au chocolat devient quelconque. Si votre budget le permet, achetez du très bon chocolat pour pâtissiers (et sinon, il faut peut-être revoir vos priorités... !).

7. Soignez la présentation

Plus que les autres desserts, les desserts au chocolat demandent une présentation très « zen ». Vous ne pourrez pas vous tromper avec une assiette blanche, mais pensez aussi aux assiettes chinées. Faites une décoration simple et minimaliste : une belle framboise fait souvent plus d'effet que plusieurs !

8. Rajoutez un peu de café

Sans forcément se faire remarquer, le café relève le goût du chocolat. Il est particulièrement le bienvenu dans un gâteau au chocolat assez classique.

10. Saupoudrez de cacao

Un peu déçue par l'apparence de votre gâteau ? Comme le sucre glace, le cacao peut masquer beaucoup de petits défauts.

11. Choisissez votre cacao

Comme pour le chocolat, la qualité du cacao peut être très variable. Aujourd'hui, vous trouvez des cacaos du commerce équitable dans les grandes surfaces – leur goût est souvent très intéressant.

12. Pensez à l'alcool

Beaucoup d'alcools – le rhum, le whisky, l'armagnac, le Grand Marnier – font de beaux mariages avec le chocolat. Le secret, c'est d'en mettre juste assez !

13. Cachez-y une surprise

Pour éviter que le coulant au chocolat devienne banal, mettez une surprise au milieu : un peu de gingembre confit, un carré de chocolat blanc ou au lait, une cuillère de pâte pralinée...

14. Renforcez le goût

Si vous trouvez un gâteau au chocolat trop fade, remplacez une partie de la farine par du cacao en poudre. Vous pouvez aussi rajouter du chocolat haché. « Trop » chocolaté, ça n'existe pas !

15. Ajoutez un glaçage

Pour faire un glaçage au chocolat simple, faites fondre 150 g de chocolat avec 12 cl de crème liquide à feu très doux dans une petite casserole. Laissez tiédir 10 mn, puis versez sur le gâteau froid. Vous pouvez aussi servir ce glaçage comme sauce au chocolat.

16. Pensez aux fruits

Certains fruits, comme les framboises, le cassis et la poire, ont une affinité naturelle avec le chocolat. Ajoutez-les aux gâteaux ou utilisez-les pour décorer une assiette.

17. Jouez avec les contrastes

Un gâteau au chocolat tiède, c'est délicieux… mais un gâteau au chocolat tiède avec une boule de glace (vanille ou autre), c'est merveilleux !

18. Ne faites pas trop compliqué

Puisque le chocolat a un goût puissant, la simplicité est toujours préférable. Ne cherchez pas à mélanger trop de goûts différents.

19. Râpez du chocolat

J'ai toujours en réserve un chocolat de très bonne qualité, très fort en cacao, pour râper sur les desserts, la crème Chantilly ou le cappuccino.

20. Révélez votre personnalité chocolat

Êtes-vous plutôt douce ou amère ? Choisissez votre pourcentage de cacao selon vos préférences.

Chapitre 7

Comment apporter
une touche anglo-saxonne
à vos desserts

Quand les Anglo-Saxons s'installent en France

Je ne vous le cacherai pas, ce chapitre est certainement mon préféré du livre. Ayant grandi dans l'ouest du Canada avec des origines anglaises, j'adore tous ces gâteaux qui me rappellent mon enfance : les crumbles, les cookies, les muffins, les *cupcakes,* les brownies, le gâteau à la carotte, le *cheesecake.* Imaginez ma surprise, il y a quelques années, quand j'ai vu ces gâteaux plutôt modestes et rustiques devenir à la mode à Paris, ville de la pâtisserie avant-gardiste et sophistiquée !

Ma joie a été rapidement suivie d'une touche de déception : rares sont les Français qui réussissent bien les gâteaux anglais ou américains. Dans un bon crumble, par exemple, le jus doit remonter à la surface et caraméliser autour des bords. Pour un Français habitué à la perfection esthétique, le résultat n'est pas assez joli. D'où la tentation de réinventer et de déconstruire le crumble (non, non, non ! je dis !). Les cookies et les brownies que l'on trouve en France sont souvent trop sages, pas assez généreux (quoique, grâce à la qualité du chocolat, ils ont souvent bon goût). Heureusement, les choses s'améliorent et les deux Françaises qui tiennent *Emilie's Cookies* à Nice font les meilleurs cookies que j'aie jamais goûtés ! Il y a aussi de plus en plus de boutiques à Paris dédiées aux *cupcakes* comme on en trouve à New York.

Dans ce chapitre, vous découvrirez non seulement les gâteaux classiques du répertoire anglo-américain, mais aussi certains qui sont moins courants.

Blondies

Tout le monde connaît les brownies, mais les *blondies* – la version sans chocolat fondu – ont de quoi épater aussi. J'ai remplacé l'extrait d'amandes par de l'huile d'amandons de pruneaux, une huile rare qui possède un goût prononcé d'amande.

Pour 16 blondies

100 g de beurre, à température ambiante – 150 g de sucre roux – 2 œufs – 1 c. à c. de vanille liquide – 2 c. à c. d'huile d'amandons de pruneaux ou 1/2 c. à c. d'extrait d'amandes (facultatif) – 130 g de farine – 1/4 c. à c. de levure chimique – 1/4 c. à c. de fleur de sel – 80 g de chocolat noir ou blanc – 85 g de noisettes grillées, de noix de pécan ou de macadamia nature – un peu de beurre pour le moule

Préchauffez le four à 180 °C. Chemisez un moule de 20 cm x 20 cm avec 2 feuilles de papier d'aluminium, en les faisant dépasser des bords. Beurrez le papier d'aluminium avec du beurre fondu à l'aide d'un pinceau. (Ne sautez pas cette étape, sinon je garantis que vos *blondies* vont coller au moule !)

Dans un mixeur muni d'un batteur ou à l'aide d'un fouet électrique, battez le beurre pour obtenir une consistance crémeuse. Ajoutez le sucre et continuez à battre pendant 2 mn.

Cassez les œufs dans un petit bol et fouettez-les avec la vanille et l'huile ou l'extrait d'amandes. Versez les œufs petit à petit dans le mélange beurre-sucre, toujours en fouettant.

Dans un saladier, mélangez la farine, la levure chimique et le sel. Versez les ingrédients secs dans les ingrédients liquides petit à petit, en mixant à petite vitesse.

Hachez le chocolat avec un grand couteau. À l'aide d'une spatule ou d'une cuillère, incorporez à la main les noisettes et le chocolat haché.

Versez la pâte dans le moule préparé et faites cuire environ 30 mn, pour que la surface soit légèrement dorée. Laissez refroidir complètement dans le moule, puis soulevez les *blondies* du moule à l'aide du papier d'aluminium. Enlevez le papier d'aluminium et coupez des carrés ou des rectangles.

Bread pudding sauce whisky

Pendant mon enfance, le *bread pudding* n'était pas franchement un dessert glamour. Plus tard, une crème plus riche et une sauce whisky très adulte m'ont complètement réconciliée avec ce dessert.

Pour 12 personnes
1 baguette un peu rassise – 1 l de lait entier – 3 œufs – 300 g de sucre –
1 c. à s. de vanille liquide – 1 c. à c. de cannelle (facultatif) – 180 g de raisins
secs – 30 g de beurre
Pour la sauce whisky : 100 g de beurre – 200 g de sucre roux – 1 œuf – 5 cl
de whisky (bourbon de préférence)

Cassez le pain en morceaux de la taille environ d'une noix et placez-les dans un saladier. Faites tremper le pain dans le lait pendant 1 h à peu près. Mélangez bien.

Préchauffez le four à 180 °C. Battez les œufs avec le sucre. Ajoutez la vanille et la cannelle (si vous l'utilisez). À l'aide d'une grande cuillère, incorporez le tout au mélange pain-lait en ajoutant les raisins secs.

Faites fondre les 30 g de beurre et versez-le dans un grand plat rectangulaire (environ 33 x 23 x 5 cm). Versez-y le pudding et faites cuire environ 1 h, pour qu'un couteau ressorte propre du centre. Servez tiède ou à température ambiante avec la sauce whisky.

Pour la sauce : dans un bain-marie, faites fondre le beurre avec le sucre. Battez l'œuf dans un petit bol comme pour une omelette et ajoutez-le au mélange beurre-sucre petit à petit, en fouettant. Enlevez la sauce du feu et laissez tiédir. Incorporez le whisky et gardez au chaud jusqu'au moment de servir.

Brownies

C'est sûr, ce livre ne serait pas complet sans une bonne recette de brownies ! Le but est d'obtenir un contraste entre le gâteau très moelleux et la petite croûte sur la surface qui casse sous la dent.

Pour 16 brownies
100 g de chocolat noir − 175 g de beurre − 175 g de sucre − 3 œufs − 1 c. à c. de vanille liquide − 40 g de farine − 1/4 c. à c. de sel − 100 g de noix − un peu de beurre et de farine pour le moule
Préchauffez le four à 160 °C. Beurrez et farinez un moule carré de 23 × 23 cm.
Hachez le chocolat. Dans une casserole épaisse, faites fondre le chocolat avec le beurre sur feu doux. Enlevez du feu et ajoutez le sucre. Ajoutez les œufs un par un, en mélangeant au fouet. Incorporez la vanille, la farine, le sel et les noix. Versez dans le moule préparé et faites cuire 40 mn, pour qu'un cure-dent ressorte propre du centre. Laissez refroidir dans le moule et coupez en carrés.

Cake courgettes-cannelle (SPL)

Moins connu que le *carrot cake* mais tout aussi bon, le cake à la courgette est parfait en été quand les courgettes abondent sur les marchés et dans les jardins. Cette recette vient d'une amie américaine, Erica, qui partage sa vie entre Paris et New York. Elle y met au moins 3 cuillères à soupe de cannelle, mais sachant que la cannelle est moins appréciée en France, j'ai réduit la quantité.

Pour 1 cake
2 courgettes moyennes − 3 œufs − 300 g de sucre roux − 12 cl d'huile neutre − 12 cl de compote de pommes − 1 c. à c. de vanille liquide − 260 g de farine − 1 c. à s. de cannelle − 1/2 c. à c. de levure chimique − 1 c. à c. de sel − 1,5 c. à c. de bicarbonate − 150 g de noix − un peu de beurre pour le moule
Beurrez un moule à cake. Préchauffez le four à 180 °C.
Râpez les courgettes et mettez-les dans une passoire pour enlever l'excédent d'eau.

Dans un bol, battez les œufs jusqu'à ce qu'ils soient mousseux. Ajoutez le sucre, l'huile, la compote et la vanille et mélangez bien au fouet.

Dans un second bol, tamisez la farine avec la cannelle, la levure chimique, le sel et le bicarbonate. Incorporez ce mélange aux ingrédients liquides, en évitant de trop travailler la pâte. Ajoutez les courgettes et les noix, en mélangeant délicatement.

Versez la pâte dans le moule et faites cuire 50-60 mn, pour qu'un cure-dent ressorte sec du centre. Démoulez sur une grille et laissez refroidir avant de le couper.

Carrés de cheesecake

J'adore le cheesecake, que je considère comme l'une des meilleures inventions américaines, mais je n'arrive jamais à en manger une part entière car ce gâteau est extrêmement riche. J'ai trouvé la solution avec ces carrés, qui ont une couche plus fine de crème au fromage blanc. Prévoyez de les faire quelques heures à l'avance pour qu'ils aient le temps de prendre.

Pour 24 carrés
200 g de spéculoos – 110 g de beurre – 450 g de Carré frais – 100 g de sucre – 1 c. à s. de jus de citron – le zeste d'1 citron – 2 œufs
Préchauffez le four à 160 °C. Chemisez un plat de 23 × 23 cm d'aluminium, en le faisant dépasser des bords.

Dans un robot, réduisez les spéculoos en poudre. Versez-la dans un bol. Faites fondre le beurre dans une petite casserole et versez-le sur les biscuits écrasés. Mélangez bien et étalez ces miettes dans le fond du plat. Faites cuire cette pâte pendant 10 mn et laissez-la tiédir.

Augmentez la température du four à 180 °C. Dans un mixeur ou à la main, battez le Carré frais pour obtenir une consistance crémeuse. Ajoutez le sucre, le jus de citron et le zeste et mélangez bien au fouet. Ajoutez les œufs un par un, toujours en fouettant.

Versez cette crème sur la pâte précuite et mettez au four 20 mn, pour que la crème soit juste prise. Laissez refroidir à température ambiante, puis mettez au réfrigérateur quelques heures avant de sortir le *cheesecake* du plat à l'aide de l'aluminium. Pour couper les carrés, trempez la lame du couteau dans de l'eau chaude.

Carrés pomme-chocolat (SPL)

Le mariage pomme-chocolat est inattendu mais tout à fait réussi chez ce cousin du fameux brownie.

Pour 12 parts
25 cl d'huile végétale neutre — 3 œufs — 300 g de sucre roux — 330 g de farine — 2 c. à c. de levure chimique — 1 c. à c. de bicarbonate — 1 c. à c. de sel — 1 c. à c. de cannelle en poudre — 1/2 c. à c. de muscade en poudre — 3 pommes — 180 g de chocolat noir (ou des pépites) — un peu de beurre pour le moule

Préchauffez le four à 160 °C. Beurrez un moule rectangulaire de 23 × 33 cm.

Dans un mixeur-batteur ou à la main, fouettez l'huile, les œufs et le sucre pour que le mélange soit crémeux. Tamisez la farine avec la levure chimique, le bicarbonate, le sel et les épices. Ajoutez ce mélange aux ingrédients liquides et mélangez-les à petite vitesse (ou à la main) pour que la pâte soit lisse et épaisse.

Videz et épluchez les pommes et coupez-les en petits morceaux. Hachez le chocolat. Mélangez les pommes à la pâte. Versez la pâte dans le moule et dispersez le chocolat par-dessus, en l'enfonçant un peu dans la pâte.

Faites cuire pendant environ 50 mn, en vérifiant avec un cure-dent que le centre soit cuit. Laissez refroidir complètement et coupez en carrés.

ASTUCE DIÉTÉTIQUE
· ·
Si vous voulez réduire la matière grasse de cette recette, remplacez la moitié de l'huile par de la compote de pommes.
· ·

Gâteau carotte-ananas

Le *carrot cake* est devenu célèbre en France, mais connaissez-vous la variante avec de l'ananas ? Pour moi, il est encore meilleur ! Ne soyez pas découragée par le nombre d'ingrédients car ce gâteau est très facile à faire.

Pour 12 à 16 personnes
260 g de farine – 1 c. à c. de levure chimique – 1 c. à c. de bicarbonate – 150 g de sucre roux – 150 g de sucre blanc – 1/2 c. à c. de sel – 2 c. à c. de cannelle – 1/2 c. à c. de cardamome en poudre – 1/4 de c. à c. de muscade râpée – 100 g de noix – 4 œufs – 230 g de carottes râpées, bio de préférence – 1/4 d'un gros ananas – 20 cl d'huile neutre (tournesol, pépins de raisin…) – 1 c. à c. de vanille liquide – le zeste d'1 orange
Pour le glaçage : 200 g de Carré frais – 100 g de sucre glace – 1 c. à s. de jus de citron

Préchauffez le four à 180 °C. Beurrez un moule rond de 24 cm, de préférence à fond amovible. Vous pouvez aussi faire cuire le gâteau dans 2 moules à manqué ou en faire des *cupcakes*.

Dans un saladier, mélangez la farine, la levure chimique, le bicarbonate, les sucres, le sel, les épices en poudre et les noix.

Dans un autre saladier, mélangez les œufs, les carottes, l'ananas épluché et coupé en petits dés, l'huile, la vanille et le zeste d'orange. Versez les ingrédients liquides dans les ingrédients secs et mélangez à l'aide d'une grande cuillère.

Versez la pâte dans le moule préparé et faites cuire environ 1 h, pour qu'un cure-dent ressorte propre du centre.

Laissez refroidir le gâteau quelques minutes, puis démoulez-le.

Préparez le glaçage : dans un bol, battez le Carré frais avec le sucre et le jus de citron. Quand le gâteau est complètement froid, recouvrez-le entièrement de glaçage.

Cookies au beurre de cacahuètes

Le beurre de cacahuètes me rappelle plein de souvenirs d'enfance, car j'en mangeais pratiquement tous les jours. Je suis une adepte du *crunchy,* mais certains préfèrent le *smooth* (lisse). Pour ces cookies, l'essentiel est de choisir un beurre de cacahuètes qui ne se sépare pas en deux (une couche d'huile au-dessus, une couche de cacahuètes en dessous) à température ambiante. La fleur de sel rajoute un peu de croustillant.

Pour environ 24 cookies
110 g de beurre, à température ambiante – 200 g de sucre de canne roux – 130 g de beurre de cacahuètes – 1 œuf – 160 g de farine – 3/4 de c. à c. de bicarbonate – 1/2 c. à c. de levure chimique – 1/4 c. à c. de fleur de sel – 50 g de pépites de chocolat ou de chocolat haché (facultatif)

Battez le beurre au mixeur ou à la main pour obtenir une texture crémeuse. Ajoutez le sucre et battez de nouveau pour que le mélange soit léger. Incorporez le beurre de cacahuètes, puis l'œuf.

Dans un autre bol, mélangez la farine, le bicarbonate, la levure chimique et la fleur de sel. Incorporez les ingrédients secs dans le mélange beurre-sucre-cacahuètes. Ajoutez les pépites de chocolat ou le chocolat haché si vous les utilisez.

Laissez refroidir la pâte au réfrigérateur pendant au moins 3 h avant de cuire les cookies.

Préchauffez le four à 180 °C. Chemisez 2 plaques de papier sulfurisé. Formez des boules d'environ 3 cm avec la pâte et disposez-les sur les plaques, en laissant quelques centimètres d'espace entre chaque cookie. Aplatissez les cookies en faisant un croisillon à l'aide d'une fourchette. Faites-les cuire 9 à 10 mn, puis laissez-les sur la plaque 1 mn avant de les disposer sur une grille.

Cookies au chocolat

Cette recette vient d'un très bon ami américain, Peter, qui partage ma passion pour la cuisine et surtout les desserts. Il a eu l'idée d'ajouter un peu de mélasse, qui rend ces cookies particulièrement moelleux et vous permet de les conserver plusieurs jours (théoriquement !).

Pour 24 cookies
225 g de farine – 1/2 c. à c. de bicarbonate – 1/2 c. à c. de sel – 115 g de beurre mou – 100 g de sucre blanc – 75 g de sucre roux – 1 c. à s. de mélasse – 1 œuf – 1 c. à c. de vanille liquide – 1 c. à s. de lait – 125 g de chocolat haché
Préchauffez le four à 180 °C. Tapissez 2 plaques de papier sulfurisé.
Dans un bol, mélangez la farine, le bicarbonate et le sel. Battez le beurre avec les 2 sucres, de préférence dans un mixeur, pour que le mélange soit bien crémeux. Ajoutez la mélasse, l'œuf, la vanille et mélangez bien. Ajoutez les ingrédients secs et le lait en mélangeant à petite vitesse. Incorporez le chocolat à la main.
À l'aide de 2 cuillères, faites des petits tas de pâte sur les plaques, en laissant 2 ou 3 cm entre chaque cookie. Faites cuire environ 10 mn, pour que les cookies soient légèrement dorés mais pas trop cuits, car ils continueront à cuire un peu en sortant du four.

Cupcakes au chocolat

Le *cupcake,* que les Anglais appellent *fairy cake* (« gâteau de fée »), est devenu un dessert à la mode des deux côtés de l'Atlantique. J'aime beaucoup cette version chocolat-chocolat avec un simple glaçage ganache, pas trop sucré. Bien sûr, vous pouvez les décorer comme vous le souhaitez, avec des bonbons, des copeaux de chocolat blanc ou noir, du sucre parfumé…

Pour 16 cupcakes
50 g de bon chocolat — 100 g de beurre — 50 g de cacao en poudre — 12 cl
de lait entier — quelques gouttes de jus de citron — 100 g de farine — 1/2 c. à
c. de bicarbonate — 1/2 c. à c. de levure chimique — 2 œufs — 150 g de sucre —
1 c. à c. de vanille liquide — 1 pincée de sel — un peu de beurre pour le moule
ou des caissettes en papier
Pour la ganache : 80 g de chocolat noir — 8 cl de crème liquide

Préchauffez le four à 180 °C. Beurrez un moule à muffins ou (de préférence) placez 1 caissette à *cupcake* à chaque emplacement.

Hachez le chocolat et faites-le fondre avec le beurre et le cacao au bain-marie ou au micro-ondes à petite puissance. Fouettez doucement pour que le mélange soit lisse. Laissez tiédir.

Mélangez le lait et le jus de citron et mettez de côté quelques minutes.

Dans un bol, tamisez la farine, le bicarbonate et la levure chimique.

Fouettez les œufs au mixeur ou à la main pour qu'ils soient mousseux. Ajoutez le sucre, la vanille et le sel et battez pour bien mélanger. Incorporez le mélange chocolat-beurre.

Ajoutez, en alternant, les ingrédients secs et le lait, en évitant de travailler la pâte plus que nécessaire.

À l'aide de 2 cuillères à soupe, remplissez les caissettes aux deux tiers. Faites cuire 18 à 20 mn, pour qu'un cure-dent ressorte propre quand vous piquez le centre du *cupcake*.

Pour la ganache, hachez le chocolat et mettez-le dans un petit bol. Portez la crème à ébullition dans une petite casserole et versez-la sur le chocolat. Mélangez pour faire fondre le chocolat. Laissez à température ambiante environ 20 à 30 mn avant de l'étaler sur les gâteaux.

Gâteau à la banane

Le *banana bread* est un classique de la pâtisserie américaine. Ce qui fait la différence dans cette recette est la petite croûte de sucre à la cannelle. Si vous n'aimez pas la cannelle, vous pouvez la remplacer par de la vanille en poudre.

Pour 1 cake (environ 12 parts)
260 g de farine – 1 c. à c. de bicarbonate – 1/2 c. à c. de fleur de sel – 1/4 c. à c. de noix de muscade râpée – 3 bananes très mûres – 115 g de beurre, à température ambiante – 200 g de sucre de canne – 2 œufs – 100 g de noix – 15 g de beurre fondu – 2 c. à s. de sucre de canne – 1/2 c. à c. de cannelle en poudre – un peu de beurre et de farine pour le moule

Préchauffez le four à 180 °C. Beurrez et farinez un moule à cake.

Dans un saladier, mélangez la farine, le bicarbonate, le sel et la noix de muscade.

Coupez les bananes en gros morceaux et écrasez-les à l'aide d'une fourchette pour faire une purée pas trop lisse.

Dans un mixeur ou à la main, battez le beurre avec le sucre pour que le mélange soit crémeux. Ajoutez les œufs un par un, en les incorporant bien. Ajoutez les ingrédients secs et battez à petite vitesse. Incorporez les bananes, puis les noix.

Versez cette pâte dans le moule à cake et lissez la surface à l'aide d'une spatule. Faites cuire le gâteau environ 1 h, pour qu'un cure-dent ressorte propre du centre.

Laissez tiédir le gâteau environ 15 mn, puis versez le beurre fondu sur le gâteau et saupoudrez de sucre à la cannelle. Laissez refroidir le gâteau avant de le démouler sur une grille.

IDÉE GOURMANDE
. . . .
Les restes de ce gâteau sont délicieux toastés au grille-pain !
. . . .

Lemon bars

Entre la tarte et le biscuit, ces carrés ont un délicieux goût acide et sucré. Vous pouvez les servir pour le goûter ou comme dessert avec une cuillère de crème Chantilly ou de glace.

Pour 16 carrés
115 g de beurre mou − 25 g de sucre glace − 130 g de farine − une pincée de sel − 100 g de sucre − 2 œufs − 2 c. à s. de farine − 8 cl de jus de citron (environ 2 citrons) − les zestes de 2 citrons − du sucre glace − un peu de beurre pour le moule
Préchauffez le four à 180 °C. Beurrez un moule carré de 20 × 20 cm. Si vous n'avez pas de moule carré, prenez un moule rond.
Pour la pâte : battez le beurre avec le sucre glace, de préférence au mixeur. Ajoutez la farine et le sel et mélangez pour obtenir une pâte. Étalez cette pâte sur le fond du moule (pas sur les côtés) avec vos doigts en appuyant légèrement. Faites cuire la pâte environ 15 mn, pour qu'elle soit légèrement dorée.
Pour la crème : Dans un bol, battez le sucre avec les œufs à la main, sans blanchir les œufs. Ajoutez la farine et mélangez pour enlever les grumeaux. Incorporez le jus et les zestes de citron.
Versez cette crème sur la pâte précuite et faites cuire au four encore 15 à 20 mn, pour que la surface soit un peu dorée. Laissez refroidir et saupoudrez de sucre glace avant de servir.

Pavlova (SG)

On ne saura peut-être jamais qui de l'Australie ou de la Nouvelle-Zélande est à l'origine de ce dessert aérien, mais ce qui semble sûr, c'est qu'il a été nommé en hommage à la ballerine Anna Pavlova.

Pour 8 personnes

4 blancs d'œufs, à température ambiante − 1 pincée de sel − 225 g de sucre blanc − 1 c. à s. de vinaigre blanc − 2 c. à c. de Maïzena − 30 cl de crème fleurette − 2 c. à s. de Cointreau ou de Grand Marnier − fruits de saison (par exemple, passion, ananas et mangue en hiver, fruits rouges en été)

Préchauffez le four à 150 °C. Chemisez une grande plaque de papier sulfurisé.

Dans un mixeur au fouet électrique, montez les blancs en neige avec la pincée de sel. Ajoutez le sucre, 1 c. à s. à la fois, en attendant quelques secondes entre chaque rajout. Incorporez le vinaigre et la Maïzena à petite vitesse.

Étalez la meringue en forme de rectangle (ou de cercle, si vous préférez) sur la plaque.

Faites cuire 45 mn, jusqu'à ce que la meringue soit légèrement dorée. Laissez-la refroidir complètement.

Juste avant de servir, battez la crème en chantilly avec la liqueur, puis étalez-la sur la meringue et garnissez-la de fruits frais.

Pancakes au lait fermenté, mangues caramélisées

En Amérique, on mange généralement les pancakes au petit déjeuner, mais vous pouvez aussi les servir en dessert, surtout si vous les accompagnez de cette délicieuse sauce aux mangues.

Pour 4 personnes

250 g de farine − une pincée de sel − 1 c. à c. de levure chimique − 1 sachet de sucre vanillé − 2 œufs − 40 g de beurre − 30 cl de lait fermenté − 5 cl de lait − un peu d'huile neutre pour la cuisson des pancakes

Mangues caramélisées : 2 mangues mûres mais fermes − 50 g de beurre − 2 c. à s. de sucre de canne roux − 2 c. à s. de rhum (facultatif) − le zeste et le jus d'1 citron vert

Tamisez la farine dans un bol avec le sel et la levure chimique. Ajoutez le sucre vanillé.

Séparez les jaunes d'œufs des blancs, en mettant les blancs de côté dans un bol. Faites fondre le beurre. Ajoutez les jaunes à la farine avec le beurre fondu et le lait fermenté. Mélangez au fouet pour lisser la pâte, puis ajoutez le lait pour la détendre un peu.

Montez les blancs en neige et incorporez-les délicatement à la pâte. Faites cuire les pancakes (environ 1 grande c. à s. de pâte pour chacun) à feu moyen dans une grande poêle huilée jusqu'à ce qu'ils soient dorés de chaque côté. Gardez-les dans un endroit chaud.

Pour les mangues : épluchez les mangues et coupez-les en fines tranches. Faites fondre le beurre dans une poêle et faites-y revenir les tranches de mangues des 2 côtés à feu moyen. Ajoutez le sucre et augmentez le feu pour faire caraméliser les fruits. Ajoutez le rhum si vous l'utilisez, puis le zeste et le jus du citron vert. Faites cuire encore 1 mn à feu doux.

Servez les pancakes avec les mangues chaudes et un peu de crème fraîche ou une glace à la vanille si vous le souhaitez.

COMMENT TRICHER UN PEU !
Si vous n'avez pas de lait fermenté, vous pouvez tricher en mettant 1 c. à c. de jus de citron dans du lait normal et le laisser reposer quelques minutes.

Pudding aux kakis et aux épices

Le pudding (rien à voir avec le pain perdu vendu dans les boulangeries) est un dessert qui mérite d'être mieux connu. Cuit à la vapeur, parfois pendant des heures, il reste toujours étonnamment moelleux. Il est parfait pour les paresseuses car si on l'oublie pendant la cuisson, il est encore meilleur ! Cette recette surprenante et très parfumée vient de l'Indiana aux États-Unis.

Pour 6 à 8 personnes

115 g de beurre, à température ambiante – 200 g de sucre roux – 130 g de farine – 25 cl de pulpe de kakis très mûrs – 1 c. à s. de cognac ou de marc – 2 œufs – 2 c. à c. de bicarbonate mélangées à 2 c. à c. d'eau – les graines d'1/2 gousse de vanille ou 1 c. à c. d'extrait de vanille – 1/2 c. à c. de cannelle – 1 c. à c. de gingembre – 1 dose (0,1 g) de safran en filaments trempé dans un peu d'eau tiède – un peu de beurre pour le moule

Beurrez un moule à soufflé ou un bol d'une contenance d'1 l.

De préférence dans un mixeur, battez le beurre avec le sucre roux pendant 2 mn à vitesse moyenne. À petite vitesse, ajoutez la moitié de la farine, puis tous les ingrédients liquides et les épices. Terminez avec la farine restante. Le mélange sera assez liquide.

Versez la pâte dans le moule, placez une petite assiette ou de l'aluminium par-dessus pour bien le couvrir et faites cuire le pudding à la vapeur (dans une couscoussière par exemple) pendant 1 h 30 environ, en vérifiant que l'eau ne s'évapore pas complètement. Si vous n'avez pas de couscoussière, prenez votre plus grande casserole, mettez-y quelques centimètres d'eau et posez une petite assiette sur un bol (qui supporte la chaleur !) pour tenir le moule. Eh oui, il faut savoir être bricoleuse !

Servez le pudding tiède (vous pouvez le laisser dans le cuit-vapeur avec le feu éteint), avec de la crème fraîche un peu sucrée ou une crème anglaise.

Sablé écossais

Éloquent par sa simplicité, ce sablé est parfait avec le thé. Vous pouvez faire des petits biscuits avec cette pâte, mais je préfère un grand rond divisé en parts, comme en Écosse.

Pour 8 parts

110 g de beurre, à température ambiante – 55 g de sucre – 160 g de farine – 25 g de Maïzena – du sucre blanc pour saupoudrer (facultatif)

Préchauffez le four à 170 °C.

Dans un saladier ou dans un mixeur, battez le beurre avec le sucre pour obtenir une texture crémeuse.

Tamisez la farine avec la Maïzena et ajoutez-la au mélange beurre-sucre. Travaillez la pâte à la main ou à petite vitesse pour qu'elle forme une boule.

Sur un plan de travail fariné, étalez la pâte en rond de 1 cm d'épaisseur. À l'aide d'une fourchette tenue verticalement, marquez 8 parts dans le rond, en perçant la pâte jusqu'au fond.

Posez ce rond sur une plaque chemisée de papier sulfurisé. Faites cuire 25 mn. Saupoudrez le sablé de sucre à la sortie du four si vous le souhaitez. Coupez en parts pendant qu'il est encore tiède, sinon il sera très cassant.

Shortcake aux fraises

Le *shortcake*, qui ressemble beaucoup au *scone* anglais, me rappelle les barbecues en Amérique car il est souvent servi en dessert. Il ne faut surtout pas le faire avec les fraises d'Espagne que l'on trouve en hiver, elles ressemblent à du carton. C'est un gâteau extrêmement simple, rapide et peu sucré, qui se mange de préférence tiède (vous pouvez le réchauffer un peu au four si vous le préparez quelques heures à l'avance).

Pour 4 personnes
250 g de fraises – 1 c. à s. de sucre vanillé – 1/2 citron – 160 g de farine – 1/2 c. à c. de sel – 1 c. à c. de levure chimique – 2 c. à s. de sucre blanc – 25 g de beurre froid – 8 cl de lait – 200 g de crème fraîche – un peu de beurre pour la plaque
Préchauffez le four à 220 °C.

Coupez les fraises en 2 ou en 4 si elles sont grosses. Mélangez-les dans un bol avec le sucre vanillé et quelques gouttes de jus de citron, pour qu'elles donnent un peu leur jus.

Tamisez la farine avec le sel, la levure chimique et 1 c. à s. de sucre. Coupez le beurre en petits morceaux et mélangez-le à la farine en frottant avec vos mains pour faire des petites miettes. Ajoutez le lait et mélangez avec une fourchette pour former une pâte souple. Travaillez la pâte quelques secondes avec vos mains pour incorporer toute la farine.

Étalez la pâte sur une planche pour obtenir une épaisseur de 2 cm environ. Coupez 4 ronds avec un cercle ou un grand verre.

Mettez les *shortcakes* sur une plaque beurrée et faites cuire pendant 10 à 12 mn, pour qu'ils soient gonflés et très légèrement dorés. En attendant, mélangez la crème fraîche et la dernière cuillère de sucre.

Quand les *shortcakes* sont tièdes, coupez-les en 2 dans l'épaisseur et garnissez-les généreusement de crème fraîche et de fraises avec leur sirop. Mettez un peu de crème et de fraises sur le dessus également.

Trifle improvisé

Le *trifle* est un dessert de fête anglais fait de couches de génoise trempée dans l'alcool, de crème anglaise, de fruits et de chantilly. J'ai inventé cette version simplifiée pour ne pas jeter un gâteau d'anniversaire raté (il s'est dégonflé en sortant du four). C'est grâce à ma voisine, Marie, qui a adoré le résultat, que j'ai noté la recette. Si vous ne voulez pas mettre d'alcool, utilisez plutôt le jus des fraises macérées.

Pour 4 personnes
500 g de fraises – les feuilles d'une branche de menthe fraîche – 50 g de sucre – 25 cl de crème fleurette – 1/2 cake ou 1/2 génoise (raté(e) ou pas) – 5 cl de crème de framboise – 2 bananes – quelques biscuits amaretti

Coupez les fraises en 2 et faites-les macérer pendant au moins 30 mn avec la moitié du sucre et les feuilles de menthe ciselées.

Montez la crème fleurette en chantilly avec l'autre moitié du sucre.

Recouvrez le fond d'un moule à soufflé ou d'un moule à cake avec des tranches de cake. Arrosez ces tranches du jus des fraises macérées ou de crème de framboise. Répartissez des fraises et des tranches de banane sur le gâteau, puis recouvrez d'une couche de chantilly.

Faites 2 ou 3 couches successives de gâteau, de fruits et de crème pour remplir le moule. Écrasez quelques biscuits *amaretti* et saupoudrez la surface de ces miettes juste avant de servir.

20 FAÇONS D'ADOPTER LE STYLE ANGLO-AMÉRICAIN

1. Mangez selon vos envies

Pourquoi s'obliger à prendre un repas complet quand on peut simplement se faire plaisir avec un gâteau ?

2. Ne soyez pas trop perfectionniste

Le charme des gâteaux anglais et américains, c'est leur côté rustique. S'il existe quelques exceptions (les *cupcakes*…), en général le goût compte plus que l'apparence.

3. Soyez spontanée

La plupart des recettes de ce chapitre s'adaptent facilement selon les ingrédients que vous avez. Ne soyez pas trop bloquée par ce qui est écrit dans la recette.

4. Gardez votre sens de l'humour

Vous avez raté votre gâteau ? Rigolez, ce n'est pas la pire chose qui puisse vous arriver !

5. Ne pensez pas trop à votre ligne

La plupart des desserts anglo-américains ne sont pas franchement légers. Tant pis, il faut se faire plaisir après tout…

6. Ajoutez de la crème anglaise

On ne mange jamais un dessert en Grande-Bretagne sans le noyer de *custard*, et c'est très bien !

7. Pensez aux puddings

Le pudding, une sorte de gâteau cuit à la vapeur, étonnera vos convives car il se cuit pendant des heures sans jamais être trop cuit !

8. Inventez un trifle

Dessert traditionnel de Noël fait de couches de fruits, de gâteau trempé dans du xérès, de crème anglaise et de crème Chantilly, le *trifle* peut aussi s'improviser en version plus simple avec les ingrédients que vous avez sous la main. C'est une très bonne façon d'utiliser les restes d'un gâteau ou un gâteau raté.

9. Osez le Christmas pudding

Je sais que beaucoup de Français se moquent de ce dessert de fête un peu (bon, très) roboratif, mais il faut l'essayer au moins une fois, flambé au cognac et servi avec de la crème anglaise bien sûr ! Vous le trouverez dans certaines grandes surfaces pendant la période de Noël. Les restes peuvent être réchauffés à la poêle avec du beurre.

10. Brunchez

Le vrai brunch est un repas complètement désordonné, composé de plats sucrés et salés qui se mangent en même temps. Ne cherchez pas à le transformer en repas classique !

11. Aimez le sirop d'érable

J'utilise souvent le sirop d'érable à la place du sucre ou du miel. Essayez-le sur le fromage blanc, le yaourt, les crêpes, les gâteaux, les fruits rôtis ou poêlés, et bien sûr les pancakes !

12. Découvrez le beurre de cacahuètes

Le beurre de cacahuètes a un goût très particulier que j'adore, car j'ai grandi avec ça. Préférez celui que vous trouverez dans les magasins bio : il ne contient pas de graisses hydrogénées. Essayez-le avec du miel, des bananes, de la confiture, du chocolat, dans les cookies…

13. Mettez des légumes dans vos gâteaux

La carotte, la courgette, la betterave, la courge… beaucoup de légumes s'adaptent bien aux gâteaux, finalement ! Allez plus loin que le *carrot cake,* déjà bien connu en France, et essayez d'autres variantes.

14. Pensez carré

Les gâteaux coupés en carrés – les brownies, les *cheesecakes bars,* les *lemon bars* – ont un charme particulier. En plus, c'est très facile à transporter pour les pique-niques ou les goûters !

15. Variez

Les gâteaux anglo-saxons ne se résument pas aux brownies, cookies, *cupcakes,* muffins et crumbles. Essayez les recettes moins courantes de ce chapitre et vous serez étonnée !

16. Soyez généreuse

En Amérique et en Grande-Bretagne, les portions sont plus grosses qu'en France. Même si ce n'est pas une habitude à adopter tous les jours, je trouve que les gâteaux de ces pays doivent être servis généreusement.

17. Adoptez l'avoine

En France, beaucoup de gens croient que l'avoine, c'est pour les chevaux. Mettez-en dans les cookies, les muffins et les crumbles, et vous verrez qu'elle peut apporter un goût et une texture intéressants !

18. Profitez du *tea time*

Au lieu d'avaler un goûter en quelques secondes, prenez le temps de faire un bon thé et de savourer quelques petits gâteaux.

19. Appréciez le chocolat au lait

Même si je préfère le chocolat noir, des cookies faits avec un bon chocolat au lait peuvent être extraordinaires, surtout si vous ajoutez une pincée de fleur de sel.

20. Dites « pudding » pour tout

Les aristocrates anglais appellent tous les desserts des « puddings », même les pâtisseries ultra-élégantes !

Chapitre 8

Comment réinventer les verrines

Et si vous jouiez avec la transparence ?

La première fois que j'ai croisé des verrines dans une pâtisserie, c'était au début des années 2000, dans une boutique de Philippe Conticini à Paris. Je suis tombée sous le charme de cette nouvelle façon de présenter des desserts classiques ou modernes, qui met en valeur les couleurs et les textures grâce à la superposition et la transparence.

Depuis, les verrines sont devenues banales au point qu'elles peuvent paraître presque ringardes, comme les cuillères asiatiques qui servent à présenter des amuse-bouches. Quelques pâtissiers, dont Philippe Conticini, reviennent vers des gâteaux plus traditionnels, peut-être plus gourmands car on peut les manger avec les mains (rien ne vaut un très bon éclair, finalement !).

Personnellement, je ne suis pas prête à jeter mes verrines à la poubelle – surtout depuis que j'ai découvert qu'elles supportent la chaleur. J'aime les utiliser pour faire des mini-crumbles, des gratins et des soufflés (voir le chapitre 9), ou bien des desserts qui ne vont pas au four, comme la charlotte ou la *panna cotta*. Quand je veux varier la présentation, je prends des verres à Martini (surtout pour les desserts aux saveurs italiennes) ou des petits bols ronds, qui sont bien adaptés aux desserts plus rustiques.

Les verrines ne méritent pas d'être rejetées, il faut simplement ne pas en abuser – comme pour toutes les bonnes choses, d'ailleurs !

Bavarois à la mangue

J'ai mis un minimum de gélatine dans ce bavarois qui n'a pas besoin d'être démoulé. Les mangues bio que l'on trouve en conserve au supermarché sont parfaites pour cette recette.

Pour 4 personnes
2 feuilles de gélatine − 400 g de mangue fraîche (épluchée) ou en conserve −
100 g de fromage blanc − 2 c. à s. de sucre − quelques gouttes de jus de
citron ou de citron vert − 3 c. à s. de jus de mangue (du bocal) ou d'eau −
10 cl de crème liquide − 4 tuiles

Faites tremper la gélatine dans un bol d'eau froide. Mixez 200 g de mangue dans un robot ou à l'aide d'un mixeur plongeant pour obtenir une purée. Ajoutez le fromage blanc, le sucre et un peu de jus de citron pour relever le goût de la mangue.

Dans une petite casserole, faites chauffer le jus de mangue (ou l'eau) à feu doux. Essorez les feuilles de gélatine et faites-les fondre dans le jus. Incorporez la gélatine fondue dans le mélange mangues-fromage blanc.

Fouettez la crème liquide jusqu'à ce qu'elle soit presque ferme. Incorporez délicatement la crème dans le mélange mangues-fromage blanc.

Coupez les 200 g de mangue restante en petits dés et ajoutez quelques gouttes de citron ou de citron vert. Répartissez les fruits au fond de 4 verres ou verrines. Versez la mousse par-dessus et laissez prendre quelques heures au réfrigérateur. Servez avec une tuile dans chaque bavarois.

Charlottes à l'ananas

Vous pouvez faire des charlottes avec toutes sortes de fruits. J'ai choisi l'ananas puisque c'était l'hiver. Si vous ne servez pas ce dessert à des enfants, n'hésitez pas à ajouter un peu de rhum mélangé aux dés d'ananas.

Pour 6 personnes
36 biscuits pavesini ou biscuits à la cuillère − 20 cl de jus d'ananas − 750 g
d'ananas avec la peau − 200 g de fromage blanc − 20 cl de crème fleurette
− 2 sachets de sucre vanillé

Versez le jus d'ananas dans une assiette creuse et trempez les biscuits rapidement dedans. Disposez-les sur le tour de 6 verrines ou verres.

Épluchez l'ananas, enlevez le cœur dur et coupez la chair en petits dés. Disposez 2 c. à s. de dés dans le fond de chaque verre et mettez le reste de côté.

Fouettez la crème avec le sucre vanillé jusqu'à ce qu'elle soit presque ferme. À l'aide d'une spatule, mélangez-la au fromage blanc. Incorporez les dés d'ananas restants. Répartissez cette crème dans les verres et mettez au réfrigérateur au moins 1 h avant de servir.

Eton mess au fromage blanc (SG)

Ce dessert anglais sans prétention – *mess* veut dire « bazar » – se fait traditionnellement avec de la meringue, des fraises et de la crème Chantilly. J'aime remplacer la crème par du fromage blanc, qui apporte un peu d'acidité.

Pour 4 à 6 personnes
150 g de meringues – 200 g de fromage blanc – 300 g de fraises très sucrées (des maras des bois par exemple) – 1 c. à s. de sucre – 1 poignée d'amandes effilées (facultatif)

Cassez les meringues en petits morceaux et mélangez-les au fromage blanc. Écrasez la moitié des fraises à la fourchette avec le sucre. Coupez les fraises restantes en 2 (ou en 4 si elles sont grosses). Mettez les fraises coupées au fond de chaque verre, en en gardant quelques-unes pour le décor. Incorporez les fraises écrasées au mélange meringue-fromage blanc. Remplissez les verres de ce mélange et disposez quelques morceaux de fraises par-dessus. Servez rapidement.

Si vous utilisez des amandes, faites-les griller au four à 180 °C pendant quelques minutes, pour qu'elles soient dorées. Disposez-les sur le *mess*.

UN GAGE DE QUALITÉ
Si vous n'arrivez pas à écraser les fraises à la fourchette, c'est qu'elles ne sont pas bonnes. Prenez des fraises bien mûres d'origine française !

Gelée de rhubarbe (SG-SPL)

Cette idée ingénieuse vient de mon ami Peter, qui adore la rhubarbe. Si ce n'est pas la saison (vous trouverez ce légume-fruit sur les marchés au printemps), la rhubarbe surgelée fera l'affaire.

Pour 6 à 8 personnes
1 kg de rhubarbe – 200 g de sucre – 4 feuilles de gélatine – le jus d'1 citron
Préchauffez le four à 180 °C. Faites cuire la rhubarbe avec le sucre dans une cocotte au four pendant 1 h, avec le couvercle.
Faites tremper la gélatine quelques minutes dans un bol d'eau froide. Égouttez la rhubarbe et conservez le jus. Faites fondre la gélatine essorée dans ce jus chaud. Ajoutez le jus de citron.
Répartissez la rhubarbe dans les verres et versez le jus par-dessus. Laissez prendre au réfrigérateur pendant plusieurs heures ou toute la nuit.

Gratins à l'orange

Cette recette est parfaite pour l'hiver, quand le choix de fruits est plus limité. N'hésitez pas à utiliser des oranges sanguines ou des clémentines.

Pour 4 personnes
2 grosses oranges – 50 g de sucre glace – 100 g de poudre d'amandes – 1 œuf – 2 c. à s. de lait entier ou de crème liquide – 1 c. à c. de vanille liquide – 1 poignée d'amandes effilées
Préchauffez le four à 180 °C.
Pelez les oranges à vif à l'aide d'un couteau bien aiguisé, tranchez-les et coupez chaque tranche en 4. Répartissez les morceaux d'orange entre 4 verres ou bols qui supportent la chaleur du four.
Dans un bol, mélangez tous les autres ingrédients. Versez cette pâte sur les fruits et répartissez les amandes par-dessus.
Faites cuire 15 à 20 mn, puis terminez sous le gril si la surface n'est pas assez dorée.

Mini-crumbles aux griottes et aux deux chocolats

Le chocolat dans le crumble, c'est une idée si brillante que je ne sais pas pourquoi je n'y avais jamais pensé !

Pour 5 personnes
500 g de griottes fraîches ou surgelées – 1 c. à s. de Grand Marnier ou de kirsch – 75 g de beurre – 100 g de farine – 15 g de sucre roux – 25 g de chocolat blanc – 25 g de chocolat blanc – 1 c. à s. d'eau

Laissez décongeler les griottes si elles sont surgelées. Répartissez-les entre 5 bols, ramequins ou verrines qui supportent la chaleur. Arrosez-les de Grand Marnier ou de kirsch.

Préchauffez le four à 180 °C.

Dans un bol, mélangez le beurre et la farine en frottant avec les mains pour faire des petites miettes. Ajoutez le sucre, les 2 chocolats hachés et l'eau. Mélangez à l'aide d'une cuillère.

Répartissez le mélange crumble dans les bols. Faites cuire environ 30 mn, pour que les cerises donnent leur jus et la surface soit dorée.

Mousse de fromage blanc et fruits rouges (SG)

Ce dessert frais et léger se prépare en quelques instants (avec un temps de pause au réfrigérateur).

Pour 4 personnes
300 g de fromage blanc – 2 sachets de sucre vanillé – 4 c. à s. de sucre – 2 blancs d'œufs – 500 g de fruits rouges frais ou surgelés (décongelés) – 2 c. à s. d'eau

Dans un bol, mélangez le fromage blanc, le sucre vanillé et 2 c. à s. de sucre. Dans un autre bol, battez les blanc d'œufs en neige. Incorporez-les dans le fromage blanc. Versez dans des verres et mettez au frais pendant au moins 1 h.

Mixez les fruits rouges avec les 2 c. à s. restantes de sucre. Passez dans un tamis et répartissez ce coulis dans les verres.

Mousse aux kakis et mascarpone (SG)

Cette mousse d'inspiration italienne vient de mon amie Claude Cabri, une artiste cuisinière qui vit à Paris. Préparez-la deux ou trois heures avant le repas, car elle ne se garde pas longtemps.

Pour 4 personnes
2 kakis mûrs (environ 210 g au total) – 60 g de mascarpone – 6 cl de crème Chantilly – 2 c. à c. de sucre – 1 blanc d'œuf – 1/4 c. à c. de vanille
Épluchez les kakis et mixez la chair dans un robot ou écrasez-la avec une fourchette. Ajoutez le mascarpone, la crème montée en chantilly et 1 c. à c. de sucre.

Dans un autre bol, montez le blanc d'œuf en neige ferme et ajoutez le sucre restant et la vanille.

À l'aide d'une spatule, incorporez délicatement le blanc d'œuf au mélange kaki-mascarpone. Mettez au réfrigérateur pendant 2 h avant de servir.

Panna cotta coco, mangue et passion (SG)

La *panna cotta* devient exotique grâce à ce mariage de saveurs ! Vous pouvez remplacer la mangue et la passion par d'autres fruits exotiques, comme l'ananas et la papaye.

Pour 4 à 6 personnes
3 feuilles de gélatine – 1 boîte de 40 cl de lait de coco – 20 cl de lait entier – 50 g de sucre – 1 gousse de vanille – 1 grosse mangue – 4 fruits de la passion – quelques copeaux de noix de coco (facultatif)
Faites tremper les feuilles de gélatine dans un bol d'eau froide. Dans une petite casserole, mélangez le lait de coco, le lait entier et le sucre.

Fendez la gousse de vanille et grattez les graines. Ajoutez les graines et la gousse au mélange lait de coco-lait. Portez à ébullition sur feu moyen, arrêtez le feu, mettez le couvercle et laissez infuser quelques minutes.

Égouttez les feuilles de gélatine et ajoutez-les, en remuant pour les faire fondre. Versez la crème dans des verres ou des bols et laissez prendre quelques heures au réfrigérateur.

Coupez la mangue en petits dés et mélangez-la à la pulpe des fruits de la passion. Répartissez un peu de ce mélange sur chaque *panna cotta*. Décorez avec quelques copeaux de noix de coco, si vous avez décidé de les ajouter à la recette.

Panna cotta au thé vert et aux framboises (SG)

Voici une autre recette de mon amie Claire, qui a eu l'idée d'apporter une touche japonaise à ce dessert italien.

Pour 4 personnes
2 feuilles de gélatine – 30 cl de crème liquide (fleurette si possible) – 40 g de sucre – 1 c. à s. de thé vert en poudre « matcha » – 150 g de framboises
Mettez la gélatine à tremper dans un bol d'eau froide.

Dans une casserole, fouettez légèrement la crème, le sucre et la poudre de thé tamisée. Faites chauffer à feu doux quelques minutes.

Dès que le mélange commence à bouillir, éteignez le feu et ajoutez la gélatine essorée. Remuez et laissez tiédir.

Disposez quelques framboises dans le fond de 4 verres et versez douce-ment la crème un peu épaissie par-dessus (si vous le faites trop tôt, les framboises vont flotter à la surface). Laissez prendre 4 h au frais.

Au moment de servir, disposez 1 ou 2 framboises sur la *panna cotta* et saupoudrez-les d'une pincée de thé vert. Accompagnez ce dessert de quelques sablés croquants.

Tapioca coco-banane (SG-SPL)

La version traditionnelle de ce dessert vietnamien est rapide à faire et délicieuse, mais pas très jolie. Vous pouvez résoudre ce problème en faisant caraméliser les bananes pour les poser sur la surface.

Pour 6 personnes
50 g de petites perles de tapioca (vendues dans les supermarchés asiatiques) – 1 boîte de 40 cl de lait de coco – 20 cl d'eau – 1 pincée de sel – 5 c. à s. de sucre de canne roux – 2 bananes – 1 noix de beurre
Faites tremper les perles de tapioca pendant 2 mn dans 25 cl d'eau tiède. Égouttez-les.
Dans une casserole, chauffez le lait de coco, l'eau, le tapioca et le sel sur feu moyen, en remuant. Quand le mélange arrive à frémissement, baissez le feu et continuez à mélanger quelques minutes pour qu'il épaississe. Incorporez 3 c. à s. de sucre. Laissez refroidir à température ambiante.
Coupez les bananes épluchées en rondelles. Chauffez le beurre sur feu moyen dans une poêle antiadhésive et ajoutez le sucre restant. Faites-y caraméliser les bananes.
Présentez le tapioca dans des verres avec les bananes par-dessus.

Tarte au citron « déconstruite »

En ce moment, c'est la mode chez les chefs de déconstruire les gâteaux avant de les reconstruire. Parfois, le résultat est amusant.

Pour 4 à 6 personnes
150 g de sucre – le jus et le zeste de 2 citrons – 4 œufs – 100 g de beurre – 6 biscuits spéculoos – 1 grosse meringue
Mélangez le sucre et le zeste des citron dans un bol qui supporte la chaleur. Battez les œufs avec le jus de citron, en ajoutant le jus petit à petit, et versez ce mélange sur le sucre. Ajoutez le beurre en morceaux.

Placez le bol au-dessus d'une casserole d'eau frémissante et faites cuire 15 à 20 mn, en fouettant de temps en temps, pour que la crème épaississe. Laissez refroidir à température ambiante (vous pouvez garder cette crème quelques jours au réfrigérateur).

Écrasez les spéculoos dans un robot, dans un mortier ou dans un sac en plastique, en les tapant avec le fond d'une casserole ou un rouleau à pâtisserie. Répartissez les miettes au fond de 4 verres. Ajoutez la crème de citron, puis la meringue émiettée.

Tiramisu aux fraises

D'accord, c'est peut-être une hérésie de jouer avec ce classique italien, mais j'aime cette version joyeuse et colorée pour l'été.

Pour 8 personnes
500 g de fraises – 1 c. à s. de sucre glace – 2 c. à s. d'eau – le jus d'1/2 citron – 1 c. à s. de liqueur de framboise ou de fraise (facultatif) – 3 œufs – 100 g de sucre – 375 g de mascarpone – 16 biscuits à la cuillère coupés en deux ou 32 biscuits pavesini (chez les traiteurs italiens) – quelques biscuits amaretti

Dans un robot ou un mixeur, mixez la moitié des fraises avec le sucre glace, l'eau, le jus de citron et la liqueur si vous avez décidé de l'utiliser. Filtrez ce jus et versez-le dans une assiette creuse. Mettez de côté au frais.

Séparez les jaunes d'œufs des blancs. Dans un mixeur ou au fouet électrique, blanchissez les jaunes avec la moitié du sucre. Ajoutez le mascarpone et mélangez bien au fouet.

Dans un autre bol, montez les blancs en neige et ajoutez le sucre restant petit à petit. Incorporez ces blancs dans le mélange jaunes-mascarpone.

Faites tremper les biscuits à la cuillère dans le jus de fraise. Coupez les fraises restantes en petits dés et disposez-les au fond de chaque verre. Remplissez chaque verre avec 3 couches de crème de mascarpone et 2 couches de biscuits, en terminant par la crème. Lissez la surface avec un couteau, puis décorez-la avec quelques *amaretti* émiettés.

Le tiramisu des paresseuses

Le vrai tiramisu est un peu long à préparer, mais vous pouvez épater vos amis avec cette version « express » ! Les biscuits *pavesini* se trouvent chez les traiteurs italiens, mais vous pouvez les remplacer par des biscuits à la cuillère, qui sont plus grands.

Pour 6 personnes
18 biscuits pavesini − *25 cl de café fort − 2 c. à s. de marsala (vous pouvez le remplacer par du cognac ou de la grappa) − 4 c. à s. de sucre − 30 cl de crème épaisse − 350 g de mascarpone − 50 g de chocolat noir*
Cassez les biscuits *pavesini* en 2 et répartissez-les au fond des verres. Mélangez le café, le marsala et 1 c. à s. de sucre. Versez ce mélange sur les biscuits et laissez-les tremper.
Battez la crème en chantilly avec le sucre restant. Dans un bol, fouettez le mascarpone. Ajoutez un tiers de la crème et mélangez bien au fouet pour alléger le fromage. Incorporez la crème restante à la spatule.
Répartissez cette crème par-dessus les biscuits. Décorez avec le chocolat râpé.

Zabaione et fruits d'été (SG SPL)

En France, on l'appelle « sabayon », mais ce mélange ultra-léger de jaunes d'œufs, de sucre et de vin est originaire d'Italie. Cette recette très authentique vient de mon amie Judy Witts Francini, qui donne des cours de cuisine en Toscane.

Pour 4 personnes
400 g de fruits d'été, mélangés ou non (fruits rouges, pêches, framboises, cerises, abricots…) − 4 jaunes d'œufs − 4 c. à s. de sucre − 3 c. à c. de marsala ou de vin santo (un vin fortifié toscan)
Coupez les fruits, dénoyautez-les si nécessaire et mettez-les au fond de 4 verres (des verres à vin par exemple).

Dans un bol (en cuivre, c'est l'idéal) posé sur une casserole d'eau frémissante, fouettez les jaunes d'œufs avec le sucre. Vous pouvez le faire à la main, mais il vous faudra pas mal de patience car il faut à peu près 15 mn pour que le mélange devienne très léger et mousseux (pour Judy, c'est comme de la méditation !). Sinon, faites-le au fouet électrique et comptez quand même 10 à 15 mn. Ajoutez le vin, toujours en fouettant, et versez sur les fruits.

UN GAGE DE QUALITÉ

La qualité des jaunes d'œufs change tout : essayez de trouver des œufs bio de poules nourries au maïs (oui, oui, ça vaut la peine !).

20 ASTUCES POUR PROFITER DE LA TRANSPARENCE

1. Aimez les gelées

Présentées dans des verrines, les gelées sont particulièrement jolies. Faites des gelées de jus de fruits frais et d'agar-agar ou de gélatine avec des morceaux de fruits dedans. Vous pouvez aussi faire des couches de gelées en laissant prendre la première couche avant d'ajouter la suivante.

2. Superposez

Avant que les verrines soient à la mode, je faisais déjà des couches de purées de différentes couleurs pour amuser mon fils quand il était bébé. Faites la même chose avec les compotes de fruits et du fromage blanc.

3. Mettez-les au four

J'ai découvert que les verres à tapas que j'utilise comme verrines supportent parfaitement la chaleur du four. Depuis, j'adapte de nombreuses recettes de crumbles, gratins et soufflés pour les faire cuire dans ces récipients.

4. Pensez à la *panna cotta*

N'importe quelle *panna cotta* peut être servie dans une verrine. Cela vous permet de la faire bien tremblante, car vous n'aurez pas à la retourner sur une assiette. Ajoutez un coulis de fruits ou une sauce café au chocolat pour le contraste de textures et de couleurs.

5. Misez sur les mousses

Même s'il peut être agréable de servir une mousse dans une terrine pour que les gens se servent à table de façon familiale, les mousses en verrine ont des avantages : elles prennent plus vite au réfrigérateur et tout le monde a une portion égale !

6. Jouez avec les contrastes

Pour qu'une verrine soit réussie, il faut qu'il y ait des contrastes de goûts, de textures, et/ou de couleurs. Les mélanges croustillant-crémeux et doux-acide marchent toujours bien.

7. Variez les verrines

Utilisez différents récipients transparents pour faire vos verrines : verres à whisky ou à Martini, tasses à café, pots de yaourt, flûtes à champagne…

8. Saupoudrez

Si vous n'avez ni le temps ni le courage de faire une sauce, un coulis ou une salade de fruits, saupoudrez votre verrine de cacao, de chocolat râpé ou de biscuits écrasés (*amaretti,* spéculoos…).

9. Ne les servez pas trop glacées

Sortez les verrines du réfrigérateur au moins 30 mn à l'avance pour faire ressortir toutes les saveurs.

10. Remplissez-les au ras

Une verrine remplie jusqu'au bord (ou presque) donne tout de suite envie d'y enfoncer la cuillère !

11. Laissez faire les enfants

Les verrines sont parfaites pour les apprentis cuisiniers : donnez-leur du fromage blanc, des confitures ou des coulis de fruits, des noix, des fruits secs, des biscuits et/ou des bonbons, et laissez-les construire leurs propres desserts !

12. Trichez

Si vous achetez une crème Mont-Blanc pour la transformer en verrine avec quelques ingrédients supplémentaires, je ne vous critiquerai pas, je vous féliciterai !

13. Trempez les bords

Décorez les bords des verrines en les trempant dans du jus de citron puis dans du sucre coloré, ou dans de la crème fraîche puis dans des amandes ou des noisettes hachées.

14. Penchez le verre

Faites prendre une gelée colorée en penchant le verre (en le posant dans un bol), puis remplissez le verre d'une crème d'une autre couleur pour un effet marbré.

15. Faites une soupe bicolore

Faites deux soupes de fruits de couleurs différentes (par exemple, fraises et pêches). Mettez-les chacune dans un pichet et versez-les en même temps dans une verrine, en tenant un pichet dans la main gauche et l'autre dans la main droite. Si vous les versez à la même vitesse, vous aurez une soupe bicolore !

16. Créez du volume

Pour donner du volume et apporter une autre texture à vos verrines, ajoutez une tuile ou une langue de chat.

17. Pensez aux fruits frais

Mettez des fruits frais au fond de la verrine, mais aussi sur la surface pour apporter de la couleur et du volume.

18. Brûlez

Vous pouvez saupoudrer de sucre la surface d'une crème et le brûler avec un petit chalumeau à crème brûlée (au four, c'est plus délicat).

19. Faites des duos de verrines

Souvent, je sers deux verrines complémentaires en même temps, soupe de pêches et sorbet framboise, par exemple.

20. Pensez horizontal

Une petite cuillère posée horizontalement sur le dessus de la verrine donne envie de l'enfoncer dedans.

Chapitre 9

Comment vaincre votre peur du soufflé

Vous connaissez les secrets d'un soufflé réussi ? Les voici !

Faire un soufflé qui gonfle ne pose pas vraiment de problème ; le problème, c'est de capter l'attention de vos convives au bon moment. À la fin d'un repas, les gens ont tendance à devenir indisciplinés : ils discutent ou se disputent, ils se lèvent de table, ils continuent à grignoter le fromage pendant que vous mettez les couverts pour le dessert. À vous de leur faire comprendre que le soufflé est un être sensible, comme vous, qui risque de se dégonfler très vite si on ne l'applaudit pas.

Vous pouvez aussi mettre toutes les chances de votre côté en faisant un soufflé qui tient le plus longtemps possible, ce qui veut dire plus que quelques secondes. Pour moi, le vrai secret est de ne pas le cuire trop longtemps. Un soufflé trop cuit se dégonflera dès la sortie du four, et même avant. Il existe aussi beaucoup d'autre petits trucs et astuces qui sont souvent contradictoires. Ici, je vous parle simplement de mon expérience.

○ Beurrez vos moules au pinceau avec un mouvement qui va du bas vers le haut. Pour être sûre de les beurrer parfaitement, passez deux couches de beurre fondu en mettant les moules au réfrigérateur quelques minutes entre les deux. Assurez-vous de mettre une bonne couche de beurre autour du bord.

○ Prenez des moules individuels (plus jolis pour la présentation) et remplissez-les jusqu'en haut, en lissant la surface avec le dos d'un couteau.

○ N'hésitez pas à utiliser des verres à tapas (verrines) à la place des traditionnels ramequins, car ils supportent la chaleur (au moins, c'est mon expérience personnelle). Si vous hésitez, faites un essai au préalable !

o Battez les blancs en neige ferme mais pas trop – les blancs doivent s'incorporer facilement dans la crème. Inutile de dire que c'est plus facile au mixeur, mais c'est faisable à la main.

o Séparez les œufs un par un dans deux ramequins pour vous assurer qu'il n'y a aucune trace de jaune dans vos blancs. Assurez-vous aussi que les bols soient bien propres.

o N'oubliez pas d'ajouter une pincée de sel aux blancs pour leur donner beaucoup plus de volume (j'ai testé en oubliant le sel un jour et c'est vrai !).

o Utilisez des blancs d'œufs à température ambiante, qui donneront également plus de volume.

o Une fois montés, ajoutez un tiers des blancs à la crème en mélangeant franchement pour la rendre plus légère. Il sera plus facile d'incorporer les blancs restants avec délicatesse.

o Posez les soufflés sur une plaque pour pouvoir les retirer facilement du four.

o Préparez des petites assiettes et des cuillères pour vous permettre de les servir très vite.

o N'ouvrez pas la porte du four pendant la cuisson du soufflé (ce n'est pas forcément fatal, mais il vaut mieux ne pas prendre le risque).

Surtout, n'ayez pas de complexes. Finalement, c'est une recette très simple, entourée de beaucoup de mystère. Ce n'est pas si facile que ça de rater un soufflé ! Si jamais il tombe, vous pourrez l'appeler « pudding » et vous serez très à la mode.

La famille des soufflés comprend d'autres desserts, tels que l'omelette soufflée ou le *kaiserschmarr'n,* une sorte de crêpe très légère qui vient d'Autriche. Si vous manquez de confiance, commencez par ces variantes, qui pardonnent les petites erreurs.

Kaiserschmarr'n

Entre le soufflé, l'omelette et la crêpe, ce dessert autrichien plaira à tout le monde à n'importe quel moment de la journée (moi, je l'aime bien au petit déjeuner). Cette recette vient de l'excellent blog thepassionatecook (en anglais).

Pour 4 personnes
2 poignées de raisins secs – 5 cl de jus d'orange, de thé noir ou de rhum – 6 œufs – 4 c. à s. de sucre – 1 pincée de sel – 1 c. à s. de vanille liquide – 2 c. à s. de lait entier ou de crème fraîche – 60 g de farine – 25 g de beurre – du sucre glace

Préchauffez le four à 200 °C. Faites tremper les raisins secs dans le jus d'orange, le thé ou le rhum pendant quelques minutes. Séparez les blancs et les jaunes des œufs.

Dans un mixeur (ou à la main si vous avez du courage), battez les blancs d'œufs en neige ferme avec le sucre et le sel.

Dans un autre bol, mélangez les jaunes d'œufs, le lait ou la crème et la vanille.

Ajoutez le mélange lait-crème aux blancs à petite vitesse. Tamisez la farine par-dessus et incorporez-la doucement avec une grande cuillère ou une spatule.

Chauffez le beurre à feu moyen dans une poêle antiadhésive qui peut se mettre au four. Versez la pâte dans la poêle, répartissez les raisins égouttés par-dessus et faites-la cuire pendant 1 à 2 mn à feu moyen, pour qu'elle commence à colorer en dessous.

Mettez la poêle au four et poursuivez la cuisson pendant 10 mn, pour que la crêpe soit dorée sur la surface et cuite à l'intérieur.

Glissez la crêpe sur une assiette et déchirez-la en petits morceaux à l'aide de 2 fourchettes. Saupoudrez de sucre glace. Servez avec une compote de fruits, de la confiture ou du sirop d'érable.

BON À SAVOIR

• •

Puisque les ingrédients de cette recette sont très basiques, elle est parfaite pour les invités non prévus !

• •

Omelette soufflée au Grand Marnier (SG-SPL)

J'adore le soufflé au Grand Marnier, mais la recette classique est un peu compliquée. Cette variante apporte la même satisfaction avec moins d'efforts.

Pour 2 à 4 personnes (selon si vous êtes gourmands…)
4 œufs, à température ambiante – 25 g de sucre – les graines d'1/2 gousse de vanille ou 1 c. à c. de vanille liquide – 3 c. à s. de Grand Marnier – le zeste d'1/2 orange – 1 pincée de sel – 1 noix de beurre – du sucre glace
Préchauffez le four à 160 °C.
Séparez les jaunes d'œufs des blancs. À l'aide d'un mixeur ou d'un fouet électrique, battez les jaunes avec le sucre, la vanille et 1,5 c. à s. de Grand Marnier. Ajoutez le zeste d'orange.
Dans un autre bol, avec un fouet propre, montez les blancs d'œufs en neige avec la pincée de sel. Mélangez 1/3 des blancs dans les jaunes, puis incorporez délicatement les blancs restants.
Faites fondre le beurre dans une poêle qui va au four ou dans un moule à manqué. Versez l'appareil à soufflé dans le moule et faites cuire pendant 10 mn, pour que la surface soit dorée.
Arrosez du Grand Marnier restant, saupoudrez de sucre glace et servez tout de suite.

Soufflé aux abricots

Cette recette est un peu plus compliquée que d'autres dans ce chapitre, car c'est la seule avec une base de crème pâtissière. Faites-la quand vous vous sentez un peu moins paresseuse que d'habitude !

Pour 6 personnes
500 g d'abricots frais ou 150 g d'abricots secs, trempés pendant quelques heures ou toute la nuit – 20 g de farine – 20 g de beurre – 40 g de sucre – 1/2 gousse de vanille – 20 cl de lait – 2 jaunes d'œufs – 3 blancs d'œufs, à température ambiante – 1 pincée de sel – 100 g de praliné – un peu de beurre pour les moules

Préchauffez le four à 200 °C ou à 180 °C, chaleur tournante. Beurrez 6 ramequins ou verrines et saupoudrez-les de praliné.

Si vous utilisez des abricots frais, coupez-les en 2 et enlevez les noyaux. Pochez-les dans un peu d'eau pendant 5 mn. Si vous utilisez des abricots secs, pochez-les 10 mn à feu doux dans le liquide dans lequel ils ont trempé. Mixez les abricots le plus finement possible sans leur liquide (si vous avez un mixeur plongeant, c'est l'idéal).

Dans un petit bol, mélangez la farine, le beurre et le sucre avec le bout de vos doigts pour que ça devienne sableux.

Grattez la 1/2 gousse de vanille pour enlever les graines. Faites chauffer le lait dans une petite casserole avec la gousse et ses graines. Quand il arrive à ébullition, ajoutez le mélange farine-beurre-sucre petit à petit, en mélangeant sans cesse avec un petit fouet. Faites cuire 2 à 3 mn à feu doux. Incorporez les jaunes d'œufs. Laissez refroidir dans un grand bol en posant un film plastique directement sur la surface pour éviter qu'une peau se forme.

Incorporez la purée d'abricots dans la crème. Dans un bol, montez les blancs d'œufs en neige avec la pincée de sel. Mélangez 1/3 des blancs au mélange crème-abricots, puis incorporez délicatement les blancs restants. Remplissez les moules de cet appareil et faites cuire pendant 12 mn, pour que les soufflés soient bien gonflés. Servez avec une glace à la vanille, si vous le souhaitez.

Si ce n'est pas la saison des abricots, vous pouvez utiliser des abricots secs, mais il faut penser à les faire tremper pendant quelques heures au préalable.

Soufflé à la banane (SG-SPL)

J'aime bien ce soufflé un peu exotique, qui vient du chef new-yorkais Eric Ripert. Vous pouvez ajouter un peu de rhum au soufflé ou le servir à part.

Pour 4 personnes
2 bananes mûres mais encore jaunes – le jus d'1 citron vert (environ 1 c. à s.) – 1 jaune d'œuf – 3 blancs d'œufs – 1 pincée de sel – 50 g de sucre – du beurre mou pour les ramequins – du sucre pour les ramequins
Préchauffez le four à 200 °C ou à 180 °C, chaleur tournante.
Beurrez soigneusement 4 ramequins ou verrines avec le beurre mou et saupoudrez-les de sucre sur le fond et les côtés. Mettez-les au réfrigérateur.
Dans un robot ou à la main, mixez les bananes avec le jus de citron vert. Incorporez le jaune d'œuf.
Montez les blancs en neige ferme avec le sel, en ajoutant le sucre petit à petit.
Mélangez 1/3 des blancs à la purée de bananes sans trop faire attention ; le but est de rendre la crème plus légère. Incorporez les blancs restants très doucement, en soulevant du bas vers le haut avec une spatule.
Répartissez la préparation dans les ramequins, lissez le dessus avec une spatule et faites cuire 15 mn, pour que les soufflés soient bien gonflés et dorés.

Soufflé au citron (SG-SPL)

C'est certainement le soufflé que je fais le plus souvent, car j'ai toujours les ingrédients sous la main. Prenez des citrons bio ou non traités, puisque vous allez utiliser les zestes.

Pour 4 personnes
2 citrons – 3 œufs – 50 g de sucre – 1 pincée de sel – du beurre mou pour les ramequins – du sucre pour les ramequins
Préchauffez le four à 200 °C ou à 180 °C, chaleur tournante.
Beurrez soigneusement 4 ramequins ou verrines avec le beurre mou et saupoudrez-les de sucre sur le fond et les côtés. Mettez-les au réfrigérateur.
Prélevez les zestes des 2 citrons et pressez le jus d'1 citron. Hachez les zestes. Séparez les jaunes d'œufs des blancs.
De préférence dans un mixeur, battez les jaunes avec le sucre pour obtenir une crème épaisse jaune pâle. Ajoutez les zestes.
Nettoyez bien le fouet et montez les blancs en neige avec le sel dans un autre bol, en ajoutant le sucre petit à petit. Quand les blancs sont fermes, ajoutez le jus de citron, toujours en fouettant.
Mélangez 1/3 des blancs au mélange jaunes-sucre sans trop faire attention ; le but est de rendre la crème plus légère. Incorporez les blancs restants très doucement, en soulevant du bas vers le haut avec une spatule.
Répartissez la préparation dans les ramequins, lissez le dessus avec une spatule et faites cuire 7 à 8 mn (attention, la cuisson est très rapide).

Soufflé froid au citron (SG)

Un ami qui travaille comme cuisiner sur des yachts m'a donné cette recette qui impressionne toujours. Ce n'est pas un vrai soufflé, mais une mousse à la gélatine.

Pour 6 à 8 personnes
4 feuilles de gélatine – 13 cl de jus de citron – 3 jaunes d'œufs – 150 g de sucre – le zeste d'1 citron – 3 blancs d'œufs – 25 cl de crème fleurette
D'abord, préparez les ramequins ou verrines : ne les beurrez pas, mais enveloppez chaque moule d'une feuille de papier sulfurisé qui le dépasse

de 5 cm. Mettez un peu de Scotch pour tenir le papier. Vous pouvez sauter cette étape si vous ne voulez pas que les soufflés dépassent du moule.

Faites tremper la gélatine quelques minutes dans un bol d'eau froide. Essorez-la et mettez-la dans un bol avec 5 cl de jus de citron. Placez ce bol par-dessus une casserole d'eau frémissante pour chauffer le jus et faire fondre la gélatine. Mettez de côté à température ambiante.

Dans un mixeur ou à l'aide d'un fouet électrique, battez les jaunes d'œufs et le sucre jusqu'à blanchissement. Ajoutez le zeste de citron et le jus restant. Incorporez le mélange jus-gélatine. Lavez bien le fouet. Dans un autre bol, battez les blancs d'œufs en neige et incorporez-les délicatement. Battez la crème en chantilly et incorporez-la en dernier.

Répartissez ce mélange dans les moules préparés et laissez prendre au réfrigérateur pendant quelques heures. Servez avec un coulis de fruits rouges et éventuellement une tuile.

Soufflé au chocolat (SG)

Le grand pâtissier Pierre Hermé est connu pour ses gâteaux compliqués, mais il sait aussi réinventer les recettes de base. J'ai voulu tester sa recette de soufflé au chocolat et je n'ai pas été déçue : ce soufflé est plus intense en goût, et en même temps plus léger, que la recette classique. N'oubliez pas de choisir un bon chocolat noir, ça change tout.

Pour 6 personnes
180 g de chocolat noir – 10 cl de lait – 30 g de cacao – 5 œufs – 1 pincée de sel – 40 g de sucre – du cacao en poudre – un peu de beurre et de sucre pour les moules

Préchauffez le four à 200 °C ou à 180 °C, chaleur tournante.

Beurrez soigneusement 6 ramequins ou verrines et saupoudrez-les de sucre. Mettez-les au réfrigérateur.

Hachez le chocolat et faites-le fondre dans un bol placé au-dessus d'une casserole d'eau frémissante, ou au micro-ondes.

Portez le lait à ébullition. Arrêtez le feu et ajoutez le cacao tamisé. Fouettez pour bien l'incorporer au lait. Incorporez ce mélange au chocolat fondu.

Séparez les jaunes des blancs d'œufs et ajoutez les jaunes un par un au mélange chocolat-lait, en lissant la crème au fouet.

Montez les blancs en neige ferme avec la pincée de sel, en ajoutant le sucre petit à petit.

Mélangez 1/3 des blancs à la crème de chocolat tiède sans trop faire attention ; le but est de rendre la crème plus légère. Incorporez les blancs restants très doucement, en soulevant du bas vers le haut avec une spatule.

Répartissez la préparation dans les ramequins, lissez le dessus avec une spatule et faites cuire 12 mn.

Soufflé à la crème de marron

Voici une façon sympathique d'alléger la crème de marron, un ingrédient que je garde toujours dans mon placard pour les desserts imprévus.

Pour 4 personnes
200 g de crème de marron – 1 petit-suisse – quelques gouttes de jus de citron – 2 jaunes d'œufs – 3 blancs d'œufs – 1 pincée de sel
Préchauffez le four à 200 °C ou à 180 °C, chaleur tournante. Beurrez 4 ramequins ou verrines et saupoudrez-les de sucre.

Mélangez la crème de marron, le petit-suisse et le jus de citron. Incorporez les jaunes d'œufs.

Dans un bol, montez les blancs d'œufs en neige avec la pincée de sel. Mélangez 1/3 des blancs au mélange crème de marron-jaunes, puis incorporez délicatement les 2/3 restants.

Remplissez les ramequins et faites cuire les soufflés environ 12 mn, pour qu'ils soient bien gonflés et encore un peu crémeux au centre.

Soufflé à la mangue (SG-SPL)

Plus votre mangue est parfumée, plus votre soufflé sera bon. N'hésitez pas à rajouter un sorbet à la mangue ou une glace à la vanille.

Pour 4 personnes
1 mangue de taille moyenne – 50 g + 1 c. à s. de sucre – 1 c. à c. de jus de citron – 2 œufs – 1 pincée de sel – un peu de beurre et de sucre de canne roux pour les moules
Préchauffez le four à 200 °C ou à 180 °C, chaleur tournante. Beurrez 4 ramequins ou verrines et saupoudrez-les de sucre de canne roux.
Mixez la chair de la mangue dans un robot (vous pouvez aussi la passer au moulin à légumes). Ajoutez les 50 g de sucre et mixez. Séparez les jaunes d'œufs des blancs. Incorporez les jaunes à la purée de mangues. Versez dans un saladier.
Dans un mixeur ou à l'aide d'un fouet électrique, montez les blancs d'œufs avec la pincée de sel. Quand ils sont presque fermes, ajoutez la cuillère de sucre et fouettez encore pendant 1 mn.
Ajoutez 1/3 des blancs d'œufs au mélange mangue-jaunes et incorporez très doucement les blancs restants. Versez cette préparation dans les ramequins et égalisez la surface avec une spatule. Faites cuire 12 à 15 mn, pour que les soufflés soient bien gonflés et la surface dorée.

Soufflé aux pommes (SG-SPL)

Prenez une bonne compote maison pour faire ce soufflé, par exemple celle aux épices de la page 71.

Pour 4 à 6 personnes
300 g de compote de pommes – 4 œufs – 1 pincée de sel – 50 g de sucre – un peu de beurre et de sucre pour les moules
Préchauffez le four à 180 °C. Beurrez et sucrez 4 ramequins ou verrines de taille moyenne qui supportent la chaleur, ou 6 petits moules.

Écrasez la compote de pommes sur une assiette à l'aide d'une fourchette et mettez-la dans un bol. Séparez les jaunes d'œufs des blancs. Mélangez les jaunes avec la compote de pommes.

À l'aide d'un mixeur ou d'un fouet électrique, battez les blancs en neige avec la pincée de sel. Ajoutez le sucre en fouettant.

Mélangez 1/3 des blancs au mélange pommes-jaunes sans faire trop attention, puis incorporez délicatement les blancs restants.

Remplissez les moules en lissant le haut. Mettez au four pendant 12 à 15 mn, pour que les soufflés soient dorés. Servez tout de suite, avec une glace à la vanille si vous en avez.

Soufflé à la vanille, sauce chocolat

J'ai adapté ce soufflé très léger d'une recette de Jean-Paul Hartmann, chef de l'*Almadin* à Saint-Cyprien.

Pour 4 à 5 personnes
3 œufs, à température ambiante − 60 g + 1 c. à s. de sucre − les graines d'1 gousse de vanille − 1 petit-suisse − 1 pincée de sel − un peu de beurre et de sucre pour les moules
Sauce chocolat : 100 g de chocolat noir − 14 cl de crème liquide

Préchauffez le four à 180 °C (sans chaleur tournante). Beurrez 4 à 5 ramequins ou verrines et saupoudrez-les de sucre.

Séparez les jaunes d'œufs des blancs. Mélangez les 60 g de sucre et les graines de la gousse de vanille.

À l'aide d'un mixeur ou d'un fouet électrique, battez les jaunes d'œufs avec le sucre vanillé jusqu'à blanchissement. Incorporez le petit-suisse.

Dans un autre bol, montez les blancs d'œufs en neige avec la pincée de sel. Incorporez 1/3 des blancs au mélange jaunes-petit-suisse, puis ajoutez délicatement les blancs restants.

Remplissez les moules et lissez la surface. Faites cuire les soufflés environ 12 mn, pour qu'ils soient bien gonflés mais pas trop dorés. Servez tout de suite avec la sauce au chocolat, en faisant un trou au milieu du soufflé pour y verser le chocolat.

La sauce au chocolat : vous pouvez faire cette sauce pendant que les soufflés sont au four. Hachez le chocolat et mettez-le dans un bol. Portez la crème à ébullition et versez-la sur le chocolat. Remuez pour faire fondre le chocolat.

20 TRUCS POUR DEVENIR LA REINE DES SOUFFLÉS

1. Choisissez vos œufs

Le soufflé, ce n'est que quelques ingrédients simples. Autant qu'ils soient bons ! Prenez plutôt des œufs n° 0 (bio) ou 1 (plein air).

2. Aimez les fruits

Les soufflés ne sont pas forcément faits à base de crème pâtissière ; le soufflé à base de purée de fruits est plus léger et plus moderne.

3. N'oubliez pas les jaunes

Certains restaurants font des soufflés sans jaunes, qui sont très légers mais qui manquent de caractère. Un jaune pour quatre soufflés, c'est le minimum.

4. Osez la transparence

Même si les verrines commencent à vous ennuyer, gardez-les pour vos soufflés. La transparence semble les rendre encore plus légers.

5. Soyez créative

Pas de verrines ? Faites-les cuire dans des tasses à cappuccino, ou même des pots de yaourt en verre. Attention, faites toujours un essai préalable au four chaud pour vérifier que votre récipient supporte la chaleur !

6. Rehaussez le goût

Une cuillère d'alcool – rhum, kirsch, Grand Marnier, chartreuse… – est presque toujours la bienvenue dans un soufflé.

7. Préférez les contrastes

Un soufflé, c'est déjà sublime, mais un soufflé chaud avec une boule de glace au milieu, c'est le paradis. Idem pour les contrastes de goût, vanille-chocolat par exemple…

8. Respectez les saisons

Un soufflé réalisé avec des fruits de saison, ça sera non seulement meilleur en goût, mais plus adapté aux envies. Personne n'a envie de manger des fraises en janvier, en tout cas je l'espère !

9. Privilégiez le bon chocolat

Un soufflé au chocolat sera aussi bon que le chocolat que vous mettez dedans… Cependant, rien ne vous oblige à choisir un chocolat très fort à plus de 70 % de cacao. Un chocolat moins amer à environ 60 % peut être très agréable aussi.

10. Saupoudrez de sucre

Un peu de sucre glace sur la surface du soufflé avant la cuisson donne un côté caramélisé.

11. Ajoutez du croustillant

Une couche de sucre blanc à l'intérieur du moule apporte une autre dimension au soufflé… À vous de voir ce que vous préférez.

12. Soyez ferme

Même si vous n'avez pas l'habitude de donner des ordres, assurez-vous que tout le monde vous écoute quand vous dites que le soufflé est prêt. C'est une question de vie ou de mort… pour le soufflé !

13. Mettez le minuteur

Le bon côté du soufflé, c'est qu'il est très prévisible une fois que vous savez le faire. Mon soufflé au citron met 8 mn à cuire dans mon four, ni plus, ni moins !

14. Faites-en un spectacle

Si vous avez une cuisine ouverte sur la salle à manger, invitez vos convives à surveiller le soufflé pendant la cuisson. Les enfants apprécieront de le voir gonfler sous leurs yeux.

15. Inventez

Une fois que vous avez compris le principe du soufflé (base épaisse + blancs d'œufs en neige), vous pouvez en inventer à l'infini. Là, vous épaterez vraiment vos amis !

16. Soyez mystérieuse

Vous trouvez ça facile de faire un soufflé ? Surtout, ne le dites pas, laissez croire vos invités que ce talent n'est pas donné à tout le monde.

17. Investissez

Oui, battre les œufs à la main vous fait des bras comme ceux de Michelle Obama. Mais vous pouvez trouver des batteurs à tous les prix et un petit investissement vaut certainement le coup.

18. Faites-le vous-même

Certains amis bien intentionnés et voulant mettre la main à la pâte ne comprennent pas le sens du mot « délicatement ». C'est pour ça que si vous voulez être sûre du résultat, il vaut mieux incorporer les blancs vous-même.

19. Prenez votre temps

Même si le soufflé est un dessert extrêmement rapide à réaliser, il ne faut pas sauter les étapes, surtout la préparation minutieuse des moules, qui permet au soufflé de gonfler de façon symétrique.

20. Restez simple

Comme la pizza, le soufflé est meilleur quand vous n'y mettez pas trop d'ingrédients. Un contraste peut être bien, mais ne cherchez pas à mélanger beaucoup de saveurs différentes.

Chapitre 10

Comment bluffer
avec les desserts glacés

Des desserts glacés sans sorbetière, c'est possible !

Un dessert glacé, c'est peut-être la façon la plus simple et la plus légère de terminer un repas. En Italie, où le choix de desserts est souvent limité dans les restaurants, j'adore aller chez l'un des nombreux glaciers et commander un *gelato al limone,* qui passe toujours facilement, même quand le repas a été lourd.

À la maison, il ne faut pas forcément s'équiper d'une sorbetière pour faire des glaces maison, même si aujourd'hui ces machines sont devenues abordables. Les *semifreddi* et les mousses glacées ne demandent aucune attention une fois au congélateur, et vous pouvez aussi faire des granités si vous êtes disponible pour les gratter de temps en temps avec une fourchette. À l'aide d'un blender ou d'un robot, vous pouvez faire des glaces instantanées de fruits congelés et de yaourt ou de lait avec un minimum de sucre. Vous pouvez aussi tricher en faisant des desserts originaux avec une bonne glace du commerce, par exemple le gâteau de brownies et toutes les coupes glacées que vous trouverez à la fin de ce chapitre. En été, je termine souvent un repas par une boisson glacée, peut-être un café vietnamien ou une *horchata* mexicaine, un lait d'amandes sucré et épicé. Il faut juste penser à toujours avoir des glaçons dans son congélateur !

Affogato (SG)

Je vous donne ici la recette classique de ce dessert italien vite fait, mais vous pouvez bien sûr varier les glaces, remplacer le café par du chocolat chaud, ou ajouter une liqueur (pensez à l'amaretto ou le Frangelico).

Pour 2 personnes
2 boules de bonne glace à la vanille – 2 expressos bien serrés

Si la glace est dure, travaillez-la un peu avec une cuillère pour qu'elle soit plus légère. Répartissez la glace dans 2 verres ou bols. Versez le café bien chaud par-dessus. Servez tout de suite.

Brownie glacé, glace à la vanille et framboises

Les brownies peuvent servir de base pour un dessert festif, parfait pour un anniversaire d'enfant (ou d'adulte !).

Pour 16 personnes
1 recette de brownie (p. 119) — 1 l de glace à la vanille de bonne qualité — 200 g de framboises

Faites cuire le brownie comme dans la recette, en chemisant le moule de papier sulfurisé. Quand le brownie a refroidi, démoulez-le. Coupez le carré en 2 pour faire 2 rectangles.

Laissez la glace quelques minutes à température ambiante pour la ramollir, puis mettez-la dans un bol. Mélangez-la aux framboises.

Sur un film alimentaire, mettez 1 couche de brownie, puis 1 couche de glace et framboises, puis une autre couche de brownie et une autre couche de glace. Enveloppez le gâteau de film et mettez au congélateur pendant au moins 30 mn.

Servez des tranches de ce gâteau avec un coulis de framboise (voir la recette des petits pots au citron, p. 57).

Café vietnamien (SG)

Quand je mangeais dans les restaurants vietnamiens au Canada, je commandais toujours ce café qui tombait par petites gouttes d'un filtre en métal pendant le repas. À la fin du repas, ce café sucré glacé était prêt à boire comme dessert. Si jamais vous trouvez du café vietnamien, achetez-en : il a un petit goût chocolaté très agréable.

Pour 1 personne
Une dizaine de glaçons – 2 c. à s. de lait concentré sucré – 1 expresso allongé
Remplissez un grand verre de glaçons et versez-y le lait concentré sucré. Versez le café par-dessus. Mélangez et servez.

Glace « minute » fruits rouges-yaourt

Sans sorbetière, vous pouvez faire des glaces délicieuses avec des fruits surgelés et du yaourt (ou de la crème, ou du lait de coco…). Vous pouvez bien sûr utiliser des fruits que vous avez congelés vous-même.

Pour 4 personnes
400 g de fruits rouges surgelés – 2 yaourts brassés – 50 g de sucre
Dans un robot ou un blender, mixez les fruits rouges avec le yaourt et le sucre pour obtenir une glace crémeuse. Servez tout de suite.

Granité au café (SG-SPL)

Ce granité me rappelle mes vacances dans les îles Éoliennes, au nord de la Sicile.

Pour 4 personnes
50 cl de café (je le fais avec la cafetière à piston) – 100 g de sucre
Mélangez le café chaud et le sucre pour dissoudre le sucre. Laissez refroidir au réfrigérateur.
Si vous avez une sorbetière, faites turbiner 5 à 10 mn pour obtenir une consistance semi-congelée. Sinon, versez le sirop dans un bac en plastique et congelez-le 3 h, en le grattant avec une fourchette toutes les 30 mn. Vous pouvez aussi le congeler dans un bac à glaçons et le mixer dans un blender juste avant de servir.

Granité au citron (SG-SPL)

C'est dommage que les meilleurs citrons paraissent sur les marchés pendant l'hiver, quand on a moins envie de manger des desserts glacés. Ce granité est néanmoins parfait pour terminer un repas copieux.

Pour 2 personnes
3 citrons – 25 cl d'eau filtrée ou d'eau de source – 60 g de sucre
À l'aide d'un économe, prélevez le zeste de 2 citrons.
Dans une petite casserole, chauffez l'eau avec le sucre pour faire fondre le sucre. Ajoutez les zestes, couvrez et laissez refroidir au réfrigérateur.
Pressez le jus des 3 citrons. Enlevez les zestes du sirop et ajoutez le jus. Si vous avez une sorbetière, faites turbiner 5 à 10 mn pour obtenir une consistance semi-congelée. Sinon, versez le sirop dans un bac en plastique et congelez-le 3 h, en le grattant avec une fourchette toutes les 30 mn. Vous pouvez aussi le congeler dans un bac à glaçons et le mixer dans un blender juste avant de servir.

Horchata (SG-SPL)

J'ai découvert cette boisson mexicaine grâce à mes amis Peter et Kyle, qui sont originaires de Californie mais qui savent faire leurs propres tortillas à la main. Vous pouvez la boire pendant un repas mexicain ou comme dessert (je l'adore aussi au petit déjeuner !). Il vous faudra un robot ou un blender.

Pour 6 personnes
6 c. à s. de riz long – 160 g d'amandes émondées – 1 bâton de cannelle – 3 morceaux de zeste de citron vert de 4 cm chacun, prélevés à l'économe – 50 cl d'eau chaude – 1 l d'eau froide – 200 g de sucre
Dans un robot ou un blender, réduisez le riz en poudre. Vous pouvez aussi le faire au mortier, comme les Mexicains (bon courage !).

Faites tremper le riz en poudre dans l'eau chaude avec les amandes, la cannelle et le zeste de citron pendant quelques heures ou toute la nuit. Mixez pendant 3 à 5 mn, pour que le mélange soit le plus lisse possible. Ajoutez 50 cl d'eau froide et mixez encore quelques secondes.

Filtrez dans un tamis très fin, en appuyant avec une cuillère pour faire passer le liquide. Ajoutez encore 50 cl d'eau froide et le sucre. Mettez au réfrigérateur.

Servez dans un verre rempli de glaçons.

Meringue glacée, sauce caramel-café (SG)

Dans le style du nougat glacé (en plus facile), voici un gâteau fait de meringues et de crème Chantilly, rendu sophistiqué par une sauce caramel-café.

Pour 6 personnes
200 g de meringues maison ou du commerce – 200 g de crème fleurette ou crème liquide
Pour la sauce caramel-café : 225 g de sucre – 10 cl d'eau – 25 cl de café noir – 1 c. à s. de rhum ou de whisky (facultatif)

Chemisez un moule à cake de film alimentaire.

Cassez les meringues en faisant des morceaux de 3 cm environ et mélangez-les dans un bol avec la crème fouettée. Remplissez le moule de ce mélange, recouvrez-le de film et mettez-le au congélateur pendant au moins 2 h.

Pour la sauce, faites fondre le sucre dans une casserole avec l'eau, en remuant pour le faire dissoudre. Laissez cuire ce sirop, sans le remuer, pour obtenir un caramel ambré. Enlevez du feu et ajoutez le café en faisant attention aux éclaboussures. Remettez sur le feu et remuez pendant 1 mn pour dissoudre le caramel qui aura durci.

Laissez refroidir, ajoutez le rhum ou le whisky et servez avec des tranches de meringue glacée.

Parfait glacé au chocolat blanc et passion (SG)

Un nuage glacé de chocolat blanc, un coulis aux fruits de la passion... c'est un dessert pour les amoureux.

Pour 4 personnes
100 g de bon chocolat blanc – 1 blanc d'œuf – 4 c. à s. de sucre – 15 cl de crème fleurette très froide – 3 fruits de la passion – 3 c. à s. d'eau
Cassez le chocolat en morceaux dans un bol. Faites-le fondre au bain-marie, puis laissez-le tiédir.
Dans un petit saladier, montez le blanc d'œuf en neige à l'aide d'un fouet électrique (si possible) en y ajoutant 1 c. à s. de sucre à mi-parcours.
Dans un autre saladier, fouettez la crème en chantilly bien ferme.
Versez le chocolat sur le blanc d'œuf en neige et mélangez très délicatement en y ajoutant une moitié de la chantilly, puis l'autre moitié. Répartissez cette mousse dans 4 ramequins et placez-les 4 h au congélateur.
Pour le coulis : dans une petite casserole, faites bouillir à feu doux quelques minutes la pulpe des fruits de la passion avec l'eau et le sucre restant jusqu'à obtenir une consistance sirupeuse. Laissez-le refroidir.
Au moment de servir, recouvrez la mousse d'un peu de coulis. Servez ces parfaits glacés accompagnés de madeleines pur beurre ou de quelques palets bretons.

Semifreddo au chocolat (SG)

Si vous n'avez pas de sorbetière, voici la solution pour obtenir une texture crémeuse sans beaucoup d'efforts.

Pour 4 à 6 personnes
100 g de chocolat noir – 2 œufs, à température ambiante – 40 g de sucre –
1 pincée de sel – 25 cl de crème fleurette
Faites fondre le chocolat dans un bol posé au-dessus d'une casserole d'eau frémissante, en remuant de temps en temps. Dès qu'il a fondu, enlevez-le du feu.
Séparez les blancs d'œufs des jaunes. Dans un mixeur ou à l'aide d'un fouet électrique, battez les jaunes d'œufs avec le sucre jusqu'à blanchissement. Incorporez ce mélange dans le chocolat fondu à l'aide d'une spatule.
Montez les blancs d'œufs en neige avec le sel. Incorporez-les dans le mélange chocolat-jaunes. Battez la crème en chantilly et ajoutez-la à ce mélange. Versez cette crème dans un moule à cake ou dans des verrines et mettez au congélateur pendant au moins 2 h pour les petits moules et 4 h pour un grand moule.
Avant de servir, trempez le moule dans de l'eau chaude quelques secondes et démoulez le *semifreddo*. Laissez-le 15 à 20 mn à température ambiante pour que la texture soit parfaite.

Semifreddo nature (SG)

Vous pouvez varier cette recette comme vous le souhaitez : en ajoutant un café serré pour faire un *semifreddo* au café, en incorporant des fruits rouges, en le servant avec une sauce au chocolat ou aux fraises…

Pour 6 personnes
3 jaunes d'œufs – 100 g de sucre – 250 g de mascarpone – 25 cl de crème fleurette ou liquide
Dans un bol, mélangez les jaunes d'œufs avec 2 c. à s. de sucre à l'aide d'un fouet. Ajoutez le sucre restant petit à petit, en fouettant. Incorporez le mascarpone pour que le mélange soit bien lisse.

Dans un autre bol, fouettez la crème jusqu'à ce qu'elle soit légère et souple. Incorporez-la délicatement au mélange jaunes-mascarpone, en soulevant le mélange du bas vers le haut avec une spatule.

Mettez le bol au congélateur pendant quelques heures. Avant de servir le *semifreddo,* laissez-le à température ambiante pendant 30 mn.

Sorbet framboise traditionnel (SG-SPL)

J'aime faire ce sorbet en plein été, quand les framboises sont parfaites. Si vous n'avez pas de sorbetière, faites plutôt le sorbet minute de la page 177.

Pour 4 à 6 personnes
15 cl d'eau − 100 g de sucre − 450 g de framboises fraîches bien sucrées −
1 à 2 c. à s. de jus de citron − 1 c. à s. de liqueur de framboise (facultatif)
Chauffez l'eau jusqu'à frémissement dans une petite casserole et faites fondre le sucre dans cette eau. Laissez refroidir ce sirop au réfrigérateur.

Passez les framboises au moulin à légumes, grille fine, ou mixez-les avant de les passer pour enlever les graines.

Mélangez le sirop, la purée de framboises et le jus de citron et mettez au frais pendant 1 h, si vous avez le temps.

Faites turbiner dans une sorbetière et servez tout de suite. Si vous devez le garder au congélateur, enlevez-le 20 mn avant de le servir pour que le sorbet ramollisse un peu.

20 IDÉES DE COUPES GLACÉES RAPIDES ET GOURMANDES

1. Fraises, glace à la vanille et fraises des bois

Dans une petite casserole, faites fondre les fraises des bois avec un peu de sucre et un peu d'eau pendant quelques minutes. Passez pour obtenir un sirop. Coupez des fraises mûres et répartissez-les au fond des verres. Disposez une boule de glace à la vanille dans chaque coupe. Terminez par le sirop de fraise des bois.

2. Abricots et framboises

Poêlez des demi-abricots dans du beurre avec un peu de miel, en faisant attention à ce qu'ils ne s'écrasent pas. Disposez-les dans des verres, ajoutez une boule de sorbet framboise et nappez de coulis de framboise. Décorez avec quelques amandes effilées grillées.

3. Fraises marinées au rosé

Une idée du chef Dominique Le Stanc à Nice : faites macérer de bonnes fraises dans du vin rosé avec du sucre, des zestes et du jus d'orange, et un peu de vanille (en gousse). Servez frais avec une boule de sorbet à la fraise.

4. Pamplemousse et Campari

Épluchez des pamplemousses à vif et prélevez les segments en coupant entre chaque membrane blanche. Mettez les quartiers dans des verres et arrosez d'un sirop fait de 5 cl de Campari, 5 cl d'eau et 3 c. à s. de sucre. Ajoutez une boule de sorbet au pamplemousse.

5. Mont-Blanc

Mettez des meringues écrasées au fond des verres. Ajoutez de la crème de marron mélangée à un peu de yaourt grec pour l'alléger, puis de la crème fouettée légèrement sucrée. Terminez par des meringues écrasées.

6. Poire Belle-Hélène

Mettez une boule de glace à la vanille au fond de chaque verre. Posez une demi-poire au sirop sur chaque boule de glace. Faites fondre du chocolat avec un peu de crème et de sirop de poire. Versez sur la poire et la glace.

7. *Float au Coca-Cola®*

Mettez une boule de glace à la vanille au fond de chaque verre. Ajoutez du Coca-Cola® pour remplir le verre aux deux tiers. Remuez pour qu'une mousse se forme à la surface. Servez avec des pailles.

8. Banana split

Coupez une demi-banane en 4 dans le sens de la longueur. Disposez les bananes dans un verre. Ajoutez des quenelles de glace (vanille, chocolat et fraise sont les parfums classiques, mais vous pouvez en choisir d'autres). Arrosez de sauce au chocolat et terminez par de la crème Chantilly.

9. Banoffee sundae

Coupez une banane en rondelles et mettez-les au fond de chaque verre avec un peu de jus de citron ou de citron vert. Ajoutez une boule de glace à la vanille, puis du caramel au beurre salé (p. 90) ou du *dulce de leche* (p. 89) et de la crème chantilly.

10. Pêche Melba

Mettez une boule de glace à la vanille dans chaque verre. Disposez des quartiers de pêche épluchée par-dessus et nappez de coulis de framboise. Ajoutez une cuillère de crème fouettée légèrement sucrée et servez.

11. Le colonel

Mettez une boule de sorbet au citron au fond de chaque verre. Arrosez de vodka. Ajoutez une cuillère de crème Chantilly si vous le souhaitez.

12. Vacherin glacé passion-chocolat

Disposez une petite meringue ronde (ou des morceaux d'une grosse meringue) au fond de chaque verre. Ajoutez une quenelle de sorbet au fruit de la passion. Remettez une meringue et ajoutez une quenelle de sorbet au cacao. Mettez une dernière meringue et terminez par de la crème Chantilly et un peu de cacao ou de chocolat râpé.

13. Café et Bailey's

Disposez une boule de glace au café au fond de chaque verre. Arrosez de Bailey's. Saupoudrez de noisettes grillées et concassées.

14. Glace au chocolat et beurre de cacahuètes

Pour les amatrices de beurre de cacahuètes ! Faites fondre 2 c. à s. de beurre de cacahuètes avec 2 c. à s. de lait évaporé (non sucré). Placez une boule de glace au chocolat au fond de chaque verre. Versez la sauce par-dessus et terminez par des cacahuètes grillées (pas salées) concassées.

15. Vanille et Mars®

Faites fondre un Mars® avec 8 cl de crème liquide. Placez des boules de glace à la vanille dans 4 verres et versez la sauce tiède par-dessus.

16. Vanille, spéculoos et café

Disposez des couches de glace à la vanille et de spéculoos écrasés dans un verre. Versez un café chaud par-dessus et servez.

17. Prunes à la cannelle

Faites caraméliser des prunes (ou des quetsches, mirabelles, reines-claudes…) dans une poêle avec du beurre, du sucre roux et un bâton de cannelle. Servez avec une glace à la cannelle (ou à la vanille).

18. Pomme-caramel

Faites revenir des quartiers de pomme épluchée dans une poêle avec du beurre jusqu'à ce qu'ils deviennent fondants. Servez avec de la glace au caramel (ou au caramel au beurre salé).

19. Chocolat chaud, glace à la vanille

Préparez un chocolat chaud riche en faisant fondre du bon chocolat noir dans du lait entier. Versez-le dans des verres et ajoutez une boule de glace à la vanille. Décorez de copeaux de chocolat.

20. Melon et framboises

Répartissez des billes de melon dans des verres. Ajoutez une boule de sorbet à la framboise, puis du sirop de framboise ou de la crème de framboise. Décorez avec des petites feuilles de menthe.

Chapitre 11

Comment réconcilier
gourmandise et santé

la
emi-
uten
ine

que
vous
celui
et de
ne à

Et si prendre soin de soi était synonyme de plaisir ?

Le mot « dessert » ne rime pas forcément avec « santé », et ceux qui ont des problèmes de cholestérol, de poids ou d'allergies alimentaires hésitent souvent à se faire plaisir. Heureusement, il est tout à fait possible d'incorporer des ingrédients bénéfiques pour la santé dans des desserts qui ne sont ni trop sucrés, ni trop gras. Même si je suis très gourmande, je voulais éviter de prendre trop de poids en écrivant ce livre. Ce chapitre m'a un peu sauvée car il m'a permis de créer des desserts qui se mangent sans culpabilité.

Puisque je suis plutôt bio dans ma vie de tous les jours, j'ai pris un grand plaisir à écrire ce chapitre en grande partie fondé sur les aliments naturels et les céréales complètes. Dans les recettes qui demandent de la farine blanche, vous pouvez opter pour de la farine type 80 ou 110 (semi-complète), ou de la farine d'épeautre si vous êtes sensible au gluten (l'épeautre en contient, mais il peut être mieux toléré). [*Il y avait ici une phrase sur les symboles concernant les allergies alimentaires ; je l'ai placée en encadré en début de livre.*]

Je n'ai pas imposé le sucre non raffiné dans ces recettes car je sais que tout le monde ne fait pas ses courses dans des magasins bio, mais si vous en avez, n'hésitez pas à l'utiliser : son goût est plus intéressant que celui du sucre raffiné (y compris le sucre de canne roux) et il vous permet de réduire un peu la quantité de sucre. Le Rapadura, fait de jus de canne à sucre déshydratée, ne paraît pas très appétissant (il ressemble à du sable), mais il est excellent dans les gâteaux et les cookies.

J'ai inclus certaines recettes qui ne sont pas 100 % naturelles, comme les *biscotti* et le gâteau à l'huile d'olive, parce qu'elles sont très pauvres en gras ou contiennent des ingrédients bénéfiques pour la santé. N'hésitez pas à les adapter si vous ne voulez plus toucher aux aliments raffinés comme le sucre blanc et la farine blanche. L'essentiel est de vous faire plaisir sans angoisser !

Barres de l'amitié (SPL)

La première fois que j'ai rencontré le bloggeur David Lebovitz, qui vit à Paris, il m'a offert ces délicieux gâteaux qui, en plus, sont bons pour la santé. Je trouve que c'est une belle façon de forger des liens d'amitié.

Pour un plat carré de 20 x 20 cm
6 c. à s. de farine − 1/8 de c. à c. de levure chimique − 1/8 de c. à c. de bicarbonate − 1/4 de c. à c. de sel − 90 g de sucre roux − 200 g de noix, d'amandes, de pécans ou de noisettes, ou un mélange − 170 g de dattes (j'aime les mazafatis, que l'on trouve parfois dans les magasins bio) − 170 g d'abricots secs − 1 œuf − 1/2 c. à c. de vanille liquide

Préchauffez le four à 160 °C. Chemisez un plat carré de 2 feuilles d'aluminium, en les faisant dépasser des bords.

Dans un saladier, mélangez la farine, la levure chimique, le bicarbonate et le sel. Ajoutez le sucre, les noix, les dattes et les abricots secs hachés. Mélangez avec vos doigts pour séparer les morceaux de fruits.

Fouettez l'œuf avec la vanille dans un petit bol et incorporez-les au mélange fruits-noix. Étalez ce mélange dans le plat, en appuyant légèrement pour l'égaliser.

Faites cuire 35 à 40 mn, pour que la surface soit légèrement dorée. Laissez refroidir dans le moule et démoulez à l'aide de l'aluminium.

Utilisez un couteau à pain pour couper de beaux carrés. Ces barres se gardent 1 semaine dans un récipient fermé à température ambiante.

Biscotti au thé et au citron (SPL)

Quand ma copine Maniko m'a envoyé cette recette, j'ai été très sceptique en voyant des feuilles de thé dans la liste d'ingrédients. Je lui ai fait confiance et je n'ai pas été déçue ! Les feuilles de Darjeeling apportent un peu de croustillant et un goût subtil inattendu. Trempez les *biscotti* dans du thé Darjeeling pour un dessert ou un goûter léger, ni trop sucré, ni trop gras.

Pour environ 20 biscotti
50 g d'amandes entières, de préférence avec leur peau − 2 œufs − 80 g de sucre − 4 cl d'huile neutre (tournesol, pépins de raisin…) − 220 g de farine (semi-complète si vous voulez) − 1/2 c. à c. de levure chimique − 2 c. à s. de feuilles de thé Darjeeling − 1 c. à c. de zeste de citron râpé
Dans un four à 160 °C, faites griller les amandes pendant 10 mn. Laissez-les refroidir quelques minutes.
Dans le bol d'un mixeur ou à la main, battez les œufs et le sucre pour que le mélange blanchisse. Ajoutez l'huile et mélangez bien.
Ajoutez la farine mélangée à la levure chimique, le thé, les amandes et le zeste de citron, et mélangez à l'aide d'une corne ou d'une cuillère pour obtenir une pâte collante.
Placez cette pâte sur du film alimentaire et formez-y une longue bûche assez plate. Réfrigérez cette pâte pendant 1 h pour la durcir.
Préchauffez le four à 180 °C.
Faites cuire la pâte (sans le film) 35 mn sur une plaque légèrement huilée, pour qu'elle soit légèrement dorée. Laissez refroidir la bûche 15 mn sur une grille.
Coupez la bûche en tranches d'1,5 cm, placez-les sur la plaque et faites-les cuire environ 10 mn à la même température, de préférence dans un four ventilé, pour bien les sécher. Si vous n'avez pas de four ventilé, vous pouvez les retourner au bout de 7 mn et poursuivre la cuisson pendant 5 mn.
Laissez refroidir les *biscotti* avant de les déguster.

Cake à l'huile d'olive

L'huile d'olive remplace admirablement le beurre dans ce cake moelleux et pas très sucré, qui accompagne parfaitement le thé.

Pour 1 cake (environ 12 parts)
290 g de farine − 1 c. à c. de levure chimique − 3 œufs − 150 g de sucre − le zeste râpé d'1 citron − 15 cl d'huile d'olive douce de Provence − 12 cl de lait − 2 c. à s. de Grand Marnier ou de Cointreau − un peu de beurre et de farine pour le moule

Beurrez et farinez un moule à cake, en enlevant l'excédent de farine. Préchauffez le four à 160 °C.

Tamisez la farine et la levure chimique. Dans un autre bol, de préférence au mixeur, battez les œufs et le sucre jusqu'à blanchissement. À petite vitesse ou avec une spatule, incorporez le mélange farine-levure, puis le zeste, l'huile, le lait et la liqueur.

Remplissez un moule à cake aux 2/3 et faites cuire environ 40 mn, pour que le cake soit bien gonflé et doré. Si vous avez un peu de pâte en trop, faites-la cuire dans un moule à muffins ou à madeleines.

SUGGESTION DE DÉGUSTATION
Les gourmandes pourront étaler un peu de *lemon curd* (voir la recette de tarte au citron déconstruite p. 148) par-dessus ou le servir avec les coings cuits au four (p. 51).

Coings pochés aux poivres (SG-SPL)

Le coing et le poivre sont tous les deux particulièrement bénéfiques pour la santé. Ici, ils sont réunis dans une recette !

Pour 4 à 6 personnes
1 kg de coings (environ 3) − 50 cl d'eau − 200 g de sucre de canne roux − 2 c. à c. de mélange de poivres − le jus d'1 citron

Lavez les coings, épluchez-les et videz-les puis coupez chaque coing en 8 quartiers.

Dans une casserole, chauffez l'eau, le sucre, les baies et le jus de citron à feu moyen. Pendant que ce sirop chauffe, ajoutez les quartiers de coings. Rajoutez un peu d'eau si nécessaire pour recouvrir les coings. Posez un cercle de papier sulfurisé sur les coings pour empêcher l'oxydation.

Faites cuire les coings dans le sirop frémissant pendant 1 h 30 à 2 h, jusqu'à ce qu'ils soient très fondants et rose foncé. Plus vous les faites cuire, plus la couleur sera foncée.

Servez ces coings tièdes ou froids.

SUGGESTION DE DÉGUSTATION
. . . .
Pour un dessert chic, je les accompagne de pain perdu (p. 68).
. . . .

Cookies à l'avoine

Même si les biscuits industriels dépannent, je prends toujours plaisir à donner un goûter fait maison à mon fils. N'hésitez pas à rajouter des graines de tournesol ou de courge, très bénéfiques pour la santé. J'aime utiliser un sucre non raffiné comme le mascobado ou le Rapadura, vendus dans les magasins bio. (Vous pouvez bien sûr manger ces biscuits même si vous n'avez pas d'enfant !)

Pour environ 24 cookies
135 g de flocons d'avoine (petits ou gros) – 100 g de farine blanche ou semi-complète – 1/2 c. à c. de cannelle – 1/2 c. à c. de bicarbonate – 110 g de beurre, à température ambiante – 150 g de sucre mascobado ou Rapadura (ou du sucre de canne roux) – 1 œuf – 1 c. à c. de vanille liquide – 50 g de raisins secs – un peu de beurre pour la plaque

Préchauffez le four à 180 °C. Beurrez légèrement 2 plaques ou chemisez-
les de papier sulfurisé.
Dans un bol, mélangez l'avoine, la farine, la cannelle et le bicarbonate.
Dans un autre bol, battez le beurre avec le sucre. Ajoutez l'œuf et la
vanille et mélangez. Incorporez les ingrédients secs et les raisins secs.
À l'aide d'une cuillère à café, faites des petits tas de cette pâte sur les
plaques, en laissant environ 5 cm entre chaque biscuit. Faites cuire environ
10 mn, pour que les cookies soient légèrement dorés. Retirez-les avec
une spatule et laissez-les refroidir sur une grille.

Cookies gingembre-gingembre

J'ai doublé la dose de gingembre dans ces cookies, qui contiennent aussi
de la mélasse, un sucre naturel riche en vitamines B. Si vous n'avez pas de
gingembre confit, mettez deux fois plus de gingembre en poudre. Pour
obtenir de la poudre d'anis étoilé, je l'ai écrasé dans un mortier avant de
le passer au tamis.

Pour 24 cookies
*70 g de gingembre confit – 230 g de farine type 110 (ou 80, ou 65) –1 c. à
c. de bicarbonate – 2 c. à c. de gingembre en poudre – 1/2 c. à c. d'anis
étoilé en poudre – le zeste râpé d'1 citron – 110 g de beurre – 100 g de
sucre roux – 1 œuf – 4 c. à s. de mélasse – 100 g de sucre de canne roux*
Préchauffez le four à 180 °C. Chemisez 2 plaques de papier sulfurisé.
Hachez finement le gingembre confit et mettez-le de côté.
À l'aide d'un fouet, mélangez la farine, le bicarbonate, le gingembre, l'anis
étoilé et le zeste de citron. Ajoutez le beurre en petits morceaux et
mélangez à la main ou au batteur pour obtenir une texture grumeleuse.
Incorporez les 100 g de sucre-roux.
Ajoutez l'œuf légèrement battu et la mélasse et mélangez pour obtenir
une pâte un peu collante. Incorporez le gingembre confit haché. Faites des
boules de pâte d'à peu près la taille d'une noix avec vos mains et roulez-

les dans le sucre de canne. Disposez-les sur les plaques, en laissant environ 5 cm entre chaque biscuit.

Faites cuire les cookies 15 mn, puis baissez la température à 160 °C et poursuivez la cuisson pendant 5 mn. Disposez les cookies sur une grille et laissez refroidir (si vous avez la patience !).

Crumble « santé »

Fait de fruits riches en antioxydants, de céréales, de graines et d'amandes, ce crumble est à manger sans la moindre culpabilité. Si vous ne voulez pas manger de beurre, vous pouvez le remplacer par de l'huile de tournesol. Le secret d'un très bon crumble est de faire précuire les fruits.

Pour 4 personnes
Pour les fruits : 300 g de fruits rouges frais ou surgelés – 50 g de sucre roux – 2 c. à s. d'eau – 2 c. à c. de Maïzena
Pour le crumble : 50 g d'avoine – 1 c. à s. de graines de tournesol – 1 c. à s. d'amandes – 2 c. à s. de sucre vergeoise ou de sucre roux – 1 pincée de sel – 25 g de beurre – 1 c. à s. d'eau
Préchauffer le four à 200 °C.

Dans une casserole, faites cuire les fruits quelques minutes avec le sucre et l'eau. Dans un ramequin, mélangez un peu du jus avec la Maïzena. Remettez-le dans la casserole et poursuivez la cuisson 2 ou 3 mn pour épaissir le jus. Répartissez les fruits dans 4 ramequins ou verres qui supportent la chaleur. Dans un bol, mélangez l'avoine, les graines de tournesol, les amandes hachées, le sucre et le sel. Coupez le beurre en petits morceaux et mélangez-le aux ingrédients secs, en frottant avec vos mains pour obtenir une texture sableuse. Ajoutez l'eau et mélangez à la fourchette.

Répartissez ce mélange sur les fruits. Mettez au four 15 mn. [*Quelle température ? Pas de préchauffage ?*] Servez tiède, avec une cuillère de fromage blanc ou de yaourt si vous le souhaitez.

Gaufres à la farine complète

Si vous ne savez pas quoi faire du gaufrier qui vit au fond de votre placard, voici une excellente idée, plus saine que les gaufres traditionnelles.

Pour 8 gaufres
200 g de farine semi-complète (type 110) ou complète (type 150) – 1,5 c. à c. de levure chimique – 1/2 c. à c. de sel – 2 c. à c. de sucre roux – 1 œuf entier – 1 blanc d'œuf – 37 cl de lait – 8 cl d'huile de tournesol
Dans un bol, mélangez la farine, la levure chimique, le sel et le sucre au fouet. Séparez le blanc et le jaune de l'œuf.
Dans un autre bol, fouettez le jaune d'œuf avec le lait et l'huile de tournesol. Mélangez les ingrédients liquides (sauf les blancs d'œufs) et les ingrédients secs, en travaillant un minimum la pâte.
Montez les blancs d'œufs en neige et incorporez-les délicatement à cette pâte. Faites cuire dans le gaufrier jusqu'à ce qu'elles soient bien dorées. Servez avec une salade de fruits frais et du sirop d'érable.

Gelée de fruits « nature » (SG-SPL)

L'agar-agar est un ingrédient qui fait peur, peut-être à cause de son nom moyennement appétissant. Fabriqué à partir d'algues, il remplace agréablement la gélatine dans des desserts simples et légers, comme cette gelée de fruits frais. Le secret est de ne pas en mettre trop !

Pour 4 personnes
10 cl d'eau – 1/4 de c. à c. de poudre d'agar-agar – 30 cl de jus d'orange ou de pamplemousse frais – 1 c. à s. de sucre (facultatif)

Dans une petite casserole, portez l'eau à ébullition avec la poudre d'agar-agar. Arrêtez le feu et ajoutez le jus d'orange ou de pamplemousse. Goûtez et sucrez si nécessaire.

Versez dans 4 petits plats et laissez prendre au réfrigérateur.

Gelée d'agar intense au chocolat noir, sans sucre (SG)

Envie d'un bon dessert crémeux au chocolat sans les calories que cela implique ? C'est fait, avec ce dessert de la très talentueuse Fanny, qui rédige le blog bilingue Foodbeam.

Pour 8 personnes
120 g de chocolat noir (entre 55 et 66 % de cacao) – 50 cl de lait écrémé – 1,8 g de poudre d'agar-agar

Hachez finement le chocolat au couteau. Mettez le lait et le chocolat dans une casserole et chauffez à feu doux en remuant jusqu'à ce que le chocolat ait fondu. Le lait doit être tiède au toucher, mais surtout pas chaud. Versez la poudre d'agar-agar en pluie sur le liquide tiède et mélangez vivement en utilisant un fouet pour dissoudre la poudre et obtenir une préparation homogène.

Portez le mélange à ébullition et laissez frémir pendant 1 mn puis disposez dans un moule d'une contenance de 50 cl – ou 8 petits moules – et laisser refroidir à température ambiante. Gardez au frais puis démoulez et servez.

Granola chocolat-érable (SPL)

Le granola se mange traditionnellement au petit déjeuner, mais celui-ci est tellement gourmand qu'une petite poignée transforme un fromage blanc ou une purée de fruits (ou les deux ensemble) en dessert sublime. Danger, vous serez vite accro vous aussi ! Pour cette recette, j'utilise une tasse de 25 cl pour mesurer, c'est plus efficace.

Pour environ 12 portions
3 tasses de gros flocons d'avoine ou de céréales mélangées – 1 tasse d'amandes (émondées ou non), de noisettes ou de noix de pécan – 1 tasse de noix de coco râpée – 1/4 de tasse de pépins de courge nature – 1/4 de tasse de graines de tournesol – 4 c. à s. d'huile vierge de tournesol – 1/2 tasse de sirop d'érable – 1 c. à s. de sucre roux – 1 pincée de fleur de sel – 1 tasse de chocolat haché

Préchauffez le four à 160 °C.

Dans un saladier, mélangez l'avoine, les amandes, la noix de coco et les graines. Étalez ce mélange sur une plaque et mettez-le au four pendant 10 mn.

Chauffez l'huile, le sirop d'érable, le sucre et le sel dans une petite casserole, en fouettant pour bien mélanger.

Sortez la plaque du four et versez ce mélange par-dessus. Mélangez bien avec une spatule pour que l'avoine et les graines soient bien enrobées. Remettez au four 20 mn, en mélangeant bien 2 fois pendant la cuisson.

Arrêtez le four en laissant le granola dedans. Laissez refroidir complètement dans le four (toute la nuit, c'est bien), puis incorporez le chocolat haché.

Lassi à la mangue (SG)

Idéal pour terminer un repas indien, le *lassi* peut aussi servir de goûter ou de petit déjeuner.

Pour 2 personnes
La pulpe d'1 grosse mangue ou de 2 petites – 25 cl de yaourt bio ou de lait fermenté au bifidus – 12 cl de lait entier ou demi-écrémé, ou de lait d'amandes – 1 c. à s. de sucre de canne roux – quelques pistaches ou 1 capsule de cardamome

Coupez la mangue en dés et mettez-les au mixeur avec le yaourt, le lait et le sucre. Mixez environ 1 mn pour rendre le *lassi* bien lisse. Servez frais, saupoudré de quelques pistaches ou de cardamome pilées.

BON À SAVOIR

Les mangues surgelées ou en conserve sont souvent de qualité plus fiable que les fraîches, alors n'hésitez pas !

Muffins à l'avoine et aux myrtilles

L'avoine est connue pour ses vertus anticholestérol, la myrtille pour ses propriétés antioxydantes. Elles sont ici réunies dans des muffins qui sont ni trop sucrés ni trop gras, parfaits pour terminer un repas « santé ». Si vous ne les mangez pas le jour même, réchauffez-les un peu au four.

Pour 12 muffins
175 g de farine blanche ou semi-complète (type 80 ou 110) – 1,5 c. à c. de levure chimique – 1/2 c. à c. de cannelle – 1/2 c. à c. de fleur de sel – 100 g de sucre de canne roux – 50 g de flocons d'avoine (gros ou petits) – 1 œuf – 15 cl de lait (ou de lait d'avoine) – 3 c. à s. d'huile de tournesol ou de beurre fondu – 150 g de myrtilles fraîches ou surgelées – un peu de beurre pour le moule ou des caissettes en papier

Préchauffez le four à 200 °C. Beurrez un moule à muffins ou chemisez-le de caissettes.

Dans un bol, mélangez la farine, la levure chimique, la cannelle, le sel, le sucre et l'avoine. Dans un autre bol, fouettez l'œuf avec le lait et l'huile ou le beurre.

Versez les ingrédients liquides dans les ingrédients secs et mélangez juste pour faire disparaître les traces de farine. Incorporez délicatement les myrtilles.

Répartissez cette pâte dans les moules à muffins et faites cuire 20 à 25 mn, pour qu'ils soient bien gonflés et dorés. Laissez quelques minutes dans le moule, puis disposez-les sur une grille.

Pain d'épice

Le vrai pain d'épice ne contient ni beurre, ni œufs, vous pouvez donc le manger sans crainte si vous faites un régime anticholestérol. J'utilise un mélange pour pain d'épice tout prêt qui contient de la cannelle, de l'anis vert, du clou de girofle, du gingembre et de la cardamome. N'hésitez pas à inventer votre propre mélange ou à choisir une seule épice pour parfumer votre gâteau.

Pour 10 à 12 parts
150 g de miel – 60 g de sucre roux – 20 cl de lait – 250 g de farine semi-complète ou de farine d'épeautre (la farine blanche fera l'affaire aussi) – 1/2 sachet de levure chimique – 1 c. à c. de bicarbonate – 1/4 de c. à c. de fleur de sel – 1 c. à c. de mélange pour pain d'épice – un peu de beurre pour le moule

Préchauffez le four à 150 °C. Beurrez un moule à cake.

Dans une petite casserole, faites fondre le miel et le sucre dans le lait sans trop le chauffer. Versez dans un saladier.

Dans un autre saladier, mélangez la farine, la levure chimique, le bicarbonate, le sel et les épices à l'aide d'un fouet. Incorporez ces ingrédients au mélange lait-miel pour obtenir une pâte lisse.

Versez cette pâte dans le moule et faites cuire environ 45 mn, pour qu'un cure-dent ressorte sec du centre.

Démoulez le pain d'épice sur une grille et laissez-le refroidir complètement avant de le couper.

Poires rôties au sirop d'érable (SG-SPL)

En bonne Canadienne, je pourrais mettre du sirop d'érable sur tout, mais je trouve qu'il a une véritable affinité avec les poires.

Pour 4 personnes
4 poires mûres (mais pas molles) – le jus d'1/2 citron – 3 c. à s. de sirop d'érable – 1/2 c. à c. de cannelle en poudre – 1 poignée de noix (facultatif)
Préchauffez le four à 400 °C. [*Confirmer cette température*]
Épluchez les poires et coupez-les en 4 quartiers, puis videz-les. Coupez chaque quartier en 3 dans le sens de la longueur. Disposez ces tranches dans un plat qui peut les contenir en une seule couche.
Pressez le 1/2 citron par-dessus les poires, puis répartissez le sirop sur les fruits. Saupoudrez de cannelle et ajoutez les noix si vous les utilisez.
Faites cuire les poires environ 25 mn, en les remuant au bout de 15 mn. Laissez tiédir et servez nature, avec du fromage blanc ou de la glace à la vanille.

Pruneaux au vin rouge et à l'orange (SG-SPL)

La fraîcheur de l'orange apporte un élément nouveau à ce dessert classique.

Pour 4 personnes
450 g de pruneaux d'Agen – 2 oranges non traitées – 1 gousse de vanille – 50 cl de vin rouge – 90 g de sucre
Si les pruneaux vous paraissent un peu secs, faites-les tremper dans de l'eau pendant 1 h.
À l'aide d'un économe, prélevez 2 lamelles de zeste d'orange de quelques centimètres de long, en évitant la partie blanche. Ouvrez la gousse de vanille dans le sens de la longueur et grattez les graines à l'aide d'un petit couteau.
Dans une casserole, mélangez les pruneaux égouttés, le vin, le sucre, le zeste d'orange et la gousse de vanille avec ses graines. Portez à ébullition, baissez le feu et faites cuire 30 mn à frémissement.
Pelez les oranges à vif (en enlevant toute la partie blanche) et prélevez les quartiers, en coupant entre chaque membrane.

Arrêtez le feu et ajoutez les quartiers d'orange, en remuant délicatement. Laissez refroidir les fruits et servez.

VARIANTE ÉPICÉE
. . . .
Pour un goût un peu plus épicé, vous pouvez remplacer la gousse de vanille par un bâton de cannelle.
. . . .

Ricotta au miel, noix et pignons (SG)

Ce dessert peu sucré est délicieux à condition que vous utilisiez de la ricotta fraîche, vendue chez les traiteurs italiens. Si vous êtes en Provence, vous pouvez utiliser de la brousse ou du brocciu corse.

Pour 4 personnes
375 g de ricotta – 1 poignée de cerneaux de noix – 1 c. à s. de pignons de pin – 2 c. à s. de miel de caractère, comme le miel de châtaigne ou de forêt
Égouttez la ricotta dans une passoire pendant 1 h. Répartissez-la entre 4 verres ou bols.
Étalez les noix et les pignons sur une plaque. Faites-les griller quelques minutes dans un four à 180 °C. Enlevez-les du four dès qu'ils sont dorés. Nappez la ricotta de miel et répartissez les noix et les pignons par-dessus.

Riz au lait sans lait (SG-SPL)

Si vous ne pouvez pas manger de produits laitiers, cette recette grecque vous permettra de ne pas vous priver de riz au lait. N'hésitez pas à ajouter une noisette de beurre si les produits laitiers ne vous gênent pas.

Pour 4 personnes
40 cl d'eau – 200 g de riz long – 15 g de beurre (facultatif) – 1 pincée de sel – 2 œufs – 60 g de sucre de canne roux – le zeste d'1 citron – 2 c. à s. de jus de citron – 1 c. à c. de vanille liquide – de la cannelle en poudre

Dans une casserole, mélangez l'eau, le riz, le beurre si vous l'utilisez, et le sel. Portez à ébullition, baissez le feu, mettez le couvercle et faites cuire 15 à 20 mn, pour que le riz soit tendre. Enlevez la casserole du feu.

Fouettez les œufs dans un petit bol. Versez-les lentement dans le riz, en mélangeant vigoureusement avec une cuillère en bois. Continuez à remuer pendant 1 à 2 mn, pour que le riz soit bien crémeux.

Incorporez le sucre, le zeste de citron rapé, le jus de citron et la vanille. Versez dans un bol. Saupoudrez de cannelle et servez tiède ou froid.

Sbrisolona casalinga

Cette sorte de sablé à la semoule de maïs et aux amandes vient de la région de Vérone, où on l'arrose de grappa à la sortie du four. Vous pouvez aussi le tremper dans un vin doux, ou pourquoi pas du thé ou du café, pour le déguster. Mon amie Judy, qui donne des cours de cuisine à Florence, m'a donné sa recette pour cette spécialité. Le nom *sbrisolona* veut dire « casser », car le gâteau se casse en petits morceaux.

Pour 6 à 8 personnes
100 g d'amandes en poudre − 100 g de farine − 100 g de semoule de maïs (si j'ai le choix, je prends la « moyenne » plutôt que la « fine ») − 100 g de sucre − le zeste d'1 citron − 100 g de beurre mou − 2 jaunes d'œufs ou un peu de lait − un peu de beurre pour le moule − un peu de grappa ou d'eau-de-vie (facultatif)

Préchauffez le four à 160 °C.

Dans un grand bol, mélangez avec vos mains les amandes, la farine, la semoule, le sucre et le zeste de citron. Ajoutez le beurre, en frottant avec les mains pour bien l'incorporer.

Ajoutez les jaunes d'œufs ou un peu de lait pour obtenir une pâte un peu sèche.

Pressez délicatement cette pâte dans un moule beurré. Faites cuire 40 mn, pour que la surface soit légèrement dorée.

Arrosez le gâteau chaud de grappa si vous l'utilisez, elle sera tout de suite absorbée.

Une fois refroidi, cassez le gâteau en morceaux et gardez-le dans une boîte hermétique.

Smoothie myrtilles-banane-lin

Pour que la graine de lin soit bénéfique pour la santé, il faut qu'elle soit moulue. Pour cette recette, j'écrase les graines dans un mortier avant de les ajouter. Vous pouvez aussi utiliser un petit moulin à café.

Pour 2 personnes
150 g de myrtilles surgelées (pas décongelées) – 1 banane (bio de préférence) – 1 yaourt – l'équivalent du pot de yaourt de lait ou de jus de pomme – 1 c. à c. de graines de lin moulues – 2 c. à c. de sirop d'érable, de miel ou de sirop d'agave
Dans un blender, mixez tous les ingrédients pendant 1 mn, en augmentant la vitesse. Vérifiez si le *smoothie* est sucré à votre goût. S'il est trop épais, vous pouvez ajouter un peu de jus ou de lait. Versez dans des verres et buvez-le avec une paille.

Tian de carottes

Ce tian d'inspiration provençale me rappelle un dessert plus sucré que j'ai goûté en Inde. La cardamome donne un goût mystérieux. Servez-le dans des bols avec une cuillère de yaourt légèrement sucré.

Pour 4 personnes
500 g de carottes – 50 g de beurre – 1 c. à c. de gingembre frais râpé – 3 c. à s. de farine (semi-complète ou complète si vous le souhaitez) – 5 cl de lait – 1 œuf – 50 g de sucre roux – 1/4 de c. à c. de cardamome en poudre – 1 c. à c. de cannelle – 50 g de raisins secs – un peu de beurre pour le moule
Préchauffez le four à 180 °C. Beurrez un tian ou un plat à gratin.

Râpez les carottes. Faites fondre le beurre dans une grande poêle à feu moyen et faites cuire les carottes avec le gingembre jusqu'à ce qu'elles soient tendres. Laissez tiédir les carottes dans un saladier.

Ajoutez la farine, le lait, l'œuf, le sucre, les épices et les raisins secs aux carottes. Mélangez bien. Versez ce mélange dans le plat préparé et faites cuire 40 mn.

20 FAÇONS D'AUGMENTER VOTRE QUOTIENT SANTÉ SANS SACRIFIER LE SUCRÉ

1. Réveillez-vous au *smoothie*

Commencez la journée (ou terminez un repas) par un *smoothie,* un mélange de yaourt (ou lait de soja, ou lait tout simple), de jus et de fruits. Exemples : banane-myrtille, mangue-orange, pêche-framboise…

2. Aimez les graines de lin

Ces petites graines possèdent toutes sortes de propriétés bénéfiques pour la santé. N'oubliez pas de les moudre dans un mortier ou un petit moulin à café pour profiter de tous leurs bienfaits. Vous pouvez les ajouter aux gâteaux ou aux muffins, ou en mettre une cuillère dans un bol de muesli.

3. Mangez des fruits secs

Quand j'ai envie de grignoter entre les repas, je prends une poignée de noix, d'amandes (non salées) ou de raisins secs plutôt que d'ouvrir un paquet de biscuits. C'est nettement meilleur pour la santé !

4. Changez de farine

La farine blanche est sans grand intérêt nutritionnel. Dans les gâteaux un peu rustiques, vous pouvez la remplacer par de la farine type 80 ou 110 (semi-complète), qui contient plus de fibres et de protéines. Essayez également la farine d'épeautre, qui est souvent mieux tolérée par les personnes sensibles au gluten.

5. Aimez le sucre naturel

Le sucre de canne roux est un sucre raffiné auquel a été rajouté du caramel. Achetez plutôt du sucre roux non raffiné, vendu dans les magasins bio.

6. Essayez le sirop d'agave

Très à la mode en ce moment, ce sirop extrait d'un cactus d'origine mexicaine possède un fort pouvoir sucrant et contient de nombreux sels minéraux. Plus neutre en goût que le miel, il s'incorpore facilement aux desserts grâce à sa texture liquide. Vous le trouverez dans les magasins bio.

7. Découvrez l'avoine

Les Écossais le savent depuis longtemps, l'avoine n'est pas que pour les chevaux. Je commence souvent ma journée par un bol de porridge garni de fruits rouges et de graines de tournesol, de courge et de lin. Si c'est trop radical pour vous, incorporez l'avoine dans vos gâteaux et vos muffins et essayez le granola (p. 197), délicieux avec du lait ou du fromage blanc.

8. Faites votre lait d'amande

Le lait d'amande s'achète dans les magasins bio et même au supermarché, mais je n'aime pas son goût sucré. Pour faire votre propre lait d'amande, faites tremper 150 g d'amandes bio (avec ou sans leur peau) dans 1 l d'eau. Le lendemain, égouttez les amandes et mixez-les avec 75 cl d'eau fraîche. Filtrez et gardez-le au réfrigérateur dans une bouteille. Le lait d'amande se garde quelques jours. Secouez-le avant de l'utiliser.

9. Grignotez des graines

Je mets des graines de tournesol et de courge un peu partout, et surtout dans les cookies, les muffins et le muesli. Ces graines sont riches en vitamines, minéraux et acides gras essentiels. Gardez-les dans des bocaux bien fermés, car les mites les aiment aussi !

10. Respectez les saisons

Les fruits de saison sont plus goûteux et souvent moins traités que les fruits d'importation cultivés dans des serres. Votre corps vous remerciera d'être en harmonie avec la nature !

11. Achetez bio le plus possible

Chacun doit faire son choix vis-à-vis du bio, mais personnellement, je me sens beaucoup mieux en croquant dans une pomme bio (avec sa peau, lavée bien sûr) que dans une pomme qui a une forte odeur de produits chimiques. Même en achetant bio, j'essaie d'éviter les fruits et légumes d'importation.

12. N'épluchez pas

Si vous achetez bio ou si vous êtes certaine que vos fruits sont peu ou pas traités, évitez de les éplucher car il paraît que la plupart des vitamines se trouvent juste en dessous de la peau.

13. Congelez

L'hiver peut paraître long pour les gourmandes, car le choix de fruits est limité. Si vous avez un grand congélateur, pensez à congeler certains fruits pendant leur pleine saison. Toute la famille des prunes se congèle particulièrement bien. Enlevez d'abord les noyaux, puis étalez-les sur une plaque et mettez-les au congélateur. Quand ils sont durs, conservez-les dans des sacs pour congélation. Sinon, achetez des fruits surgelés de temps en temps pour apporter de la couleur à vos desserts (j'aime particulièrement les myrtilles).

14. Faites votre propre yaourt

À la page 81, vous trouverez une recette de yaourt maison sans yaourtière (si vous avec une machine, utilisez-la bien sûr !). Un yaourt maison avec des fruits rouges et du sirop d'érable ou une cuillère de bonne confiture est meilleur que n'importe quel dessert industriel !

15. Découvrez les *biscotti*

Si vous ne pouvez pas terminer un repas sans quelque chose de sucré, faites des *biscotti* bourrés d'amandes. Un ou deux de ces biscuits trempés dans le café ou le thé satisferont votre envie de sucre.

16. Mangez du chocolat noir

Il paraît que le chocolat noir contient huit fois plus d'antioxydants que les fraises. Alors, pourquoi vous priver ?

17. Incorporez l'huile d'olive

Longtemps, je n'ai pas cru que l'huile d'olive pouvait avoir une place dans les desserts. En vivant à Nice, j'ai découvert des huiles très douces qui apportent un goût délicat à un cake (p. 192), une mousse au chocolat (p. 107), ou même une pâte à tarte (p. 34). N'ayez pas peur de faire des expériences, mais évitez les huiles amères ou poivrées.

18. Préférez les huiles vierges

L'huile de tournesol, de noix, de macadamia, de pistache, de noisettes, d'amandons de pruneaux… chacune apporte son goût particulier aux gâteaux et autres desserts. Achetez des huiles vierges et gardez-les au réfrigérateur pour éviter qu'elles deviennent rances.

19. Expérimentez avec les miels

J'adore voir des miels de toutes les couleurs sur un étalage. En général, plus ils sont foncés, plus le goût est prononcé. Mes préférés sont le miel de châtaigne avec sa note d'amertume et le miel de forêt, qui me rappelle le sirop d'érable ; mais j'achète aussi du miel de lavande pour son goût beaucoup plus doux.

20. Évitez les produits « allégés »

Si vous êtes tentée d'acheter un produit allégé, lisez bien l'étiquette pour voir ce qui remplace le gras. Si la liste des ingrédients vous fait peur, reposez-le ! Mieux vaut manger des petites quantités d'aliments plus naturels.

Chapitre 12

Petit glossaire
des meilleurs desserts des paresseuses

A comme assiette

En pâtisserie encore plus qu'en cuisine, la présentation change tout. Peu importe si vous avez peu de moyens, car l'assiette en porcelaine blanche sera toujours un choix élégant : c'est pour ça qu'on en voit dans pratiquement tous les restaurants. Si vous pouvez, achetez quelques assiettes creuses et des bols très arrondis (qui peuvent être blancs ou colorés) pour les glaces, les crumbles et les puddings. Pour moi, une vaisselle bien choisie augmente vraiment le plaisir de manger un bon dessert. Si vous voulez quelque chose de différent et de pas cher, regardez dans les supermarchés asiatiques où vous trouverez souvent de la belle vaisselle japonaise.

B comme brûlé

Si vous brûlez souvent vos gâteaux, il y a plusieurs solutions. D'abord, relisez la notice de votre four. J'avoue que j'ai moi-même mis plusieurs mois à me rendre compte que mon four avait une fonction chaleur tournante ! Pour un gâteau, la chaleur doit venir d'en dessous, jamais d'au-dessus (sauf si vous voulez griller la surface). Si vous avez un four ventilé – idéal pour la plupart des gâteaux –, vous pouvez baisser la température de 10 ou même 20 °C par rapport à celle qui est indiquée dans la recette. Vos gâteaux brûlent toujours ? Achetez un thermomètre pour vérifier la température du four... et ne répondez plus au téléphone !

C comme coulis

Je n'ai pas beaucoup évoqué le sujet des coulis dans ce livre, mais souvent, un peu de couleur et d'acidité dans l'assiette peut tout changer. Pour faire un coulis avec n'importe quel fruit rouge ou pourquoi pas de la mangue, mixez-le au robot (ou au blender) ou passez-le au moulin à légumes, qui enlève aussi les pépins. Vous pouvez le passer au tamis ou le laisser nature, avec plus de texture. Sucrez si nécessaire avec un peu de sucre glace et rajoutez toujours quelques gouttes de jus de citron pour relever le goût. Si vous voulez vous amuser avec les coulis, achetez une bouteille doseuse dans un magasin de cuisine qui vous permettra de faire des dessins dans l'assiette !

D comme dénoyauter

Dénoyauter ou ne pas dénoyauter : c'est ça la question dans les recettes de clafoutis et de fruits pochés. Personnellement, les noyaux ne me dérangent pas, mais j'adhère à une règle : si, parmi les convives, il y a des enfants de moins de 8 ans ou des adultes de plus de 80 ans, je sors le dénoyauteur ! La plupart des jeunes enfants adorent dénoyauter les cerises, mais le tablier est obligatoire. J'ai acheté un gadget pour dénoyauter les prunes, mais il les massacre : mieux vaut le faire à la main en les coupant en deux.

E comme éclectique

Nous avons la chance de vivre à une époque où les goûts deviennent de plus en plus éclectiques. La tarte au citron destructurée, le tiramisu réinventé, le soufflé insolite : aujourd'hui, tout est permis. Profitez-en pour apporter votre touche personnelle aux recettes et pour faire vos propres expériences en utilisant les techniques que vous maîtrisez. Parfois, l'ajout d'une épice peut tout changer, comme le safran dans la crème brûlée ou la cardamome dans le *carrot cake.*

F comme flamber

Il m'arrive rarement de faire flamber un dessert, mais quand je le fais, j'y prends un certain plaisir tout en faisant très attention. Évitez de flamber au-dessus du gaz, car quelques flammes peuvent vite se transformer en incendie (je sais de quoi je parle !). Le plus sûr, c'est de chauffer l'alcool dans une petite casserole et de le verser sur le dessert avant de le flamber. Attention cependant à vos cheveux et vos vêtements, et surtout à votre hotte : si elle est encrassée de graisse, elle peut prendre feu !

G comme gélatine

Quand j'étais enfant, j'adorais les desserts gélatinés aux couleurs criardes que l'on préparait en ajoutant de l'eau. Si aujourd'hui mes goûts sont devenus un peu plus sophistiqués, j'adore toujours les gelées. Il existe deux possibilités : les feuilles de gélatine et l'agar-agar, un ingrédient fétiche de la gastronomie moléculaire. Le premier ne convient pas aux végétariens, le second oui. L'essentiel est de bien doser la gélatine (ou l'agar-agar), car le but est d'obtenir une consistance juste tremblante. Il n'y a rien de pire qu'une gélatine qui rebondit comme une balle en caoutchouc !

H comme hacher

Souvent, les recettes de ce livre vous ont demandé de hacher du chocolat ou des fruits secs. Pour cela, il vous faut un bon couteau, de préférence avec une grande lame bien aiguisée. J'achète mes couteaux dans des magasins qui vendent du matériel professionnel pour cuisiniers. Un bon couteau demande un investissement, mais vous le garderez très longtemps si vous vous en occupez en l'aiguisant souvent avec un fusil et en évitant de le mettre au lave-vaisselle. Avant de choisir un couteau, tenez-le dans la main, vous sentirez tout de suite si la forme et le poids vous plaisent.

I comme ivre

Souvent, une petite touche d'alcool peut transformer un dessert en lui apportant une dimension plus chaude. Un peu de rhum dans un soufflé à la banane, du kirsch dans le clafoutis et une cuillère de grappa dans une pâte à crêpes rehaussent les saveurs sans forcément donner un goût prononcé d'alcool. Chaque pâtissier a ses alcools fétiches : pour moi, ce sont le très bon rhum, le marc de Provence (qui remplace toutes les eaux-de-vie) et le Grand Marnier. N'hésitez pas à investir dans de la bonne qualité, car vous le garderez longtemps (euh, j'imagine…) et vous sentirez la différence.

J comme jardin

Aujourd'hui, malheureusement, les fruits de saison coûtent souvent cher sur les marchés. Si vous avez la chance d'avoir un jardin, même s'il est petit, profitez-en pour planter quelques arbres ou arbustes fruitiers. Quand je vivais dans la forêt de Fontainebleau, je ne me lassais pas des groseilles du jardin ni des framboises, même si les oiseaux mangeaient toutes les cerises ! Ici à Nice, je n'ai pas de jardin, mais une amie me fournit des mandarines et des oranges amères pour mes confitures. Peut-être que vous aussi vous avez des voisins généreux ? Si c'est le cas, profitez-en et n'oubliez pas de partager vos desserts avec eux !

K comme kaki, kumquat et kiwi

L'hiver, on peut avoir l'impression qu'il y a peu de fruits sur les marchés. Quand les pommes, les oranges et les bananes commencent à vous ennuyer, pensez aux fruits moins courants. Le kaki est un fruit original qui se mange très mûr, à la cuillère. Une variété plus orange, originaire du Japon, garde une texture ferme. Mais ne prenez jamais un kaki pas mûr car il sera beaucoup trop astringent ! Les kumquats sont des petits agrumes étonnants qui se mangent avec la peau : les fruits ronds sont plus sucrés que les ovales, mais aussi plus rares. Le kiwi est devenu un fruit assez banal, mais à Nice je trouve parfois des petits kiwis bio de production locale qui sont divins, et vraiment bienvenus au mois de février !

L comme lait

Le lait stérilisé est très courant en France, mais pour moi, le lait frais est infiniment meilleur, car même s'il est pasteurisé, il est chauffé à une température nettement inférieure à celle du lait stérilisé. Le lait conserve son goût et sa fraîcheur, sans prendre cette couleur jaunâtre et ce goût un peu caramélisé qui distinguent le lait stérilisé. Choisissez-le demi-écrémé ou entier, mais s'il vous plaît, faites l'effort d'acheter du lait frais !

M comme maman

Votre maman ne préparait pas de bons gâteaux maison ? Ce n'est pas grave, car il n'est jamais trop tard pour apprendre les bases de la pâtisserie et peut-être de l'épater vous-même (ou pourquoi pas vos propres enfants) ! Je suis toujours étonnée de voir le nombre de très bons cuisiniers et pâtissiers qui ont découvert leur passion tard dans la vie. La pâtisserie en particulier peut être une très bonne façon de déstresser, mais il faut y consacrer un peu de temps. Aujourd'hui, il est possible de suivre de nombreux cours à Paris et en province – vous verrez, l'ambiance est toujours très sympathique !

N comme Noël

Les fêtes de fin d'année sont la période où je fais le plus de gâteaux à offrir et à partager. Dans la tradition anglaise, il y a bien sûr le *Christmas cake* et le pudding bourré de fruits confits et parfumé au rhum ou au cognac, mais je fais aussi plein de petits biscuits au beurre à découper avec des formes et à décorer, et des bonshommes de pain d'épice, que les enfants adorent. Pour offrir, je confectionne aussi des truffes au chocolat, très simples à faire mais toujours délicieuses. Pour moi, la cuisine doit toujours sentir les gâteaux et les épices pendant les fêtes !

O comme œufs

En donnant des cours de cuisine, j'ai souvent rencontré des gens qui ne savaient pas séparer le jaune du blanc de l'œuf. La technique est assez facile, même s'il arrive à tout le monde d'avoir un accident : c'est pour ça que je travaille toujours avec des ramequins qui me permettent de les faire un par un. D'abord, tapez la partie la plus large de l'œuf sur une surface plate. Cassez-le en deux et laissez couler le blanc dans un ramequin en faisant attention de ne pas casser le jaune. Faites passer le jaune d'une demi-coquille à l'autre pour que tout le blanc tombe dans le ramequin. Mettez le jaune dans l'autre ramequin.

P comme panique

Même si je fais beaucoup de gâteaux, il m'arrive aussi de paniquer totalement, surtout quand mon gâteau ne ressemble pas à ce que j'avais imaginé. En général, cette panique reflète un manque de préparation et une envie d'aller trop vite. Ça peut paraître ennuyeux, mais n'oubliez pas de lire la recette jusqu'au bout et de sortir tous les ingrédients avant de commencer à travailler. Sinon, vous risquez de vous rendre compte qu'il vous manque quelque chose ou que n'avez pas suffisamment de temps pour terminer la recette avant que les convives arrivent. Si malgré vos précautions, le dessert vous paraît raté, les autres ne s'en rendront pas forcément compte. Souvent, un peu de sucre glace ou de cacao suffisent pour masquer les défauts cosmétiques !

Q comme quatre-quarts

Pendant les vacances, on se retrouve souvent dans une cuisine inconnue sans ses livres de cuisine. Vous pourrez toujours faire un quatre-quarts, même sans balance. Faites fondre un demi-plaque de beurre (125 g) dans une petite casserole. Utilisez un *mug* pour mesurer le sucre (un peu plus de la moitié du *mug*) et la farine (le *mug* presque rempli). Battez 2 œufs avec le sucre, puis ajoutez le beurre, la farine et un demi-paquet de levure chimique. Parfumez avec de la vanille, du rhum ou un zeste d'orange ou de citron. Faites cuire à 180 °C pendant 40 à 50 mn dans un moule à cake beurré et fariné.

R comme rapide

Même si certaines recettes de ce livre prennent du temps, beaucoup ne demandent que quelques minutes d'effort. C'est faux de dire que la pâtisserie est toujours compliquée ! Les desserts les plus rapides sont ceux à base de fruits, car quand les fruits sont bons, il faut peu de chose pour les mettre en valeur. La preuve : faites une petite salade d'oranges bio en tranches avec un peu de gingembre frais râpé par-dessus. C'est magique, non ?

S comme suivre

En pâtisserie, c'est beaucoup plus délicat qu'en cuisine de modifier une recette. Cependant, il y a beaucoup de choses que vous pouvez changer sans risquer de transformer la réaction chimique : vous pouvez ajouter ou enlever des épices, substituer un fruit par un autre (en tenant compte du jus qu'il risque de dégager), remplacer le sucre blanc par du sucre roux (ou l'inverse), augmenter ou réduire la quantité de pépites de chocolat, de noix ou de raisins secs dans les cookies et les muffins… En général, j'ai essayé de mettre un minimum de sucre, mais si certains gâteaux vous paraissent trop sucrés, vous pouvez en modifier la quantité. Pour réduire la matière grasse dans un gâteau, vous pouvez remplacer une partie du beurre ou de l'huile par une purée de fruits (pomme ou banane, par exemple). À vous de jouer !

T comme tactile

Ce que j'aime le plus dans la pâtisserie (à part la manger), c'est son côté tactile. Même si j'utilise souvent mon mixeur-batteur pour gagner du temps (surtout quand j'ai beaucoup de desserts à faire !), je prends beaucoup de plaisir à monter des blancs en neige à la main, à travailler délicatement une pâte à tarte, à hacher un gros bloc de chocolat ou à former des boules avec une pâte à cookies pour les rouler dans le sucre. N'ayez pas peur de toucher les pâtes, c'est la meilleure façon de savoir si vous avez obtenu la bonne texture. Et vous verrez, fouetter (des œufs), c'est bon pour le moral !

U comme ustensiles

Dans le premier chapitre de ce livre, vous trouverez ma liste d'ustensiles fétiches. Votre liste sera peut-être différente, mais l'essentiel est d'acheter de la bonne qualité. Plus vos ustensiles seront solides et fiables, plus vous aurez confiance, et meilleurs seront les résultats. J'achète mon matériel de cuisine dans les magasins spécialisés pour professionnels, car c'est là que l'on trouve les meilleurs prix et des outils qui peuvent durer toute une vie. Je peux passer des heures à me promener dans les rayons et à me demander à quoi servent tous ces petits gadgets… !

V comme volonté

Si vous êtes intimidée à l'idée de faire des gâteaux ou des tartes, rappelez-vous qu'en pâtisserie, on apprend en faisant des erreurs. J'ai commencé très jeune à fabriquer des gâteaux et j'en ai raté beaucoup avant d'être fière de mes efforts. L'essentiel, c'est d'avoir la volonté de recommencer jusqu'à ce que ça soit réussi ! Les recettes de ce livre ne sont pas difficiles, mais si vous rencontrez des petits problèmes, ne vous découragez pas. Essayez de comprendre l'erreur et la prochaine fois, ça ira mieux, je vous le promets.

W comme week-end

Le week-end, c'est le moment idéal pour faire des desserts. Plus disponible, on se sent plus ambitieuse. Si vous avez envie de vous lancer dans la préparation d'un bon gâteau, il y a deux approches possibles : soit vous vous enfermez dans la cuisine pour profiter de ce moment de quasi-méditation que la pâtisserie peut apporter, soit vous ouvrez les portes aux amis et/ou aux enfants, sans trop vous soucier des dégâts qu'ils pourraient faire ! Si on risque moins de se tromper dans les mesures quand on travaille seule, faire participer les autres apporte une satisfaction différente. À vous de voir, selon votre humeur !

X comme xérès

Le xérès, ça me fait toujours penser au *trifle* anglais avec ses couches de cake trempé dans le vin, de crème anglaise, de fruits et de chantilly. Pourtant, ce vin est plus versatile qu'on le croit, puisque vous pouvez l'utiliser à la place du marsala ou du porto, qui sont aussi des vins fortifiés. Essayez-le dans un sabayon ou buvez un petit verre de xérès avec le *cheesecake,* vous serez étonnée ! Pour les desserts, prenez un xérès doux, car le sec peut être très sec.

Y comme yaourt

Peu importe si vous le faites vous-même ou si vous l'achetez, je ne peux pas imaginer un réfrigérateur sans yaourts ! J'évite les yaourts parfumés industriels, qui contiennent trop de sucre et parfois des ingrédients douteux. Le yaourt nature (de préférence bio et au lait entier) me permet de le sucrer à mon goût et d'y ajouter des bonnes choses – des fruits rouges, du muesli, du sirop d'érable, une bonne confiture maison, de la confiture de lait, mon sucre vanillé maison parfumé avec des gousses de vanille… Si vous supportez mal le lait de vache, pensez aux yaourts au lait de brebis, qui sont plus digestes malgré leur texture crémeuse.

Z comme zapper

Aujourd'hui, nous avons accès à des millions de recettes grâce à Internet. Même si je possède des centaines de livres de cuisine, je passe beaucoup de temps à lire les blogs, qui sont une source constante d'inspiration.

Avec la permission des auteurs, j'ai inclus plusieurs recettes inspirées de blogs dans ce livre et j'espère que ça vous donnera envie d'aller les visiter (même si la plupart sont en anglais !). J'ai aussi mon propre blog (également en anglais), www.rosajackson.com. Vous y trouverez mes commentaires sur mes escapades dans le sud de la France et à Paris, ainsi que des recettes de saison.

Table des recettes

D

E

F

R

S

T

Table des matières

Quelques termes propres à la pâtisserie

Chapitre 2
Comment faire votre propre pâte (ou pas !)
et réussir toutes vos tartes 29

Et si vous deveniez la reine de la tarte ? 31

Chapitre 5
Comment régresser
tout en restant « mode » **85**

La régression,
ça vous dit quelque chose ? **87**

Chapitre 6
Comment rendre une tablette
de chocolat très sophistiquée 99

Envie de choisir
le meilleur chocolat ? 101

Chapitre 8
Comment réinventer les verrines 139

Et si vous jouiez avec la transparence ?

Chapitre 9

Vous connaissez les secrets d'un soufflé réussi ?

Chapitre 12
Petit glossaire
des meilleurs desserts des paresseuses

Grâce à ce guide, vous saurez enfin comment explorer le plaisir par le menu, en commençant par mettre le feu aux poudres et en achevant Jules par des douceurs. Bon appétit !

Une jolie boîte à laisser traîner dans sa cuisine, avec 60 fiches de recettes délicieuses et inratables et 20 fiches à personnaliser !

Avec ce guide, vous allez accueillir le monde entier chez vous : vous épaterez vos amis avec des recettes du bout du monde. Le traiteur chinois n'est pas le seul à savoir faire les nouilles sautées en un rien de temps !

PHILIPPE MORIN

Les cocktails
des paresseuses

MARABOUT

Parce qu'il n'y a pas que le *Cosmo* ou le *Sex on the beach*, ce joli livre illustré regroupe 30 cocktails créés spécialement pour la collection des paresseuses.

Ce petit guide vous propose de concilier bonne bouffe et taille de guêpe. Il est désormais permis de se faire plaisir sans s'arrondir et même de devenir un chef sans trop se fatiguer !

Photocomposition Nord Compo

Imprimé en Italie
par Rotolito Lombarda
Dépôt légal : septembre 2010
ISBN : 978-2-501-06497-2
40.5390.6/01